Nur
hochsensibel,
nicht
ungewöhnlich!

Annalena Kuhndörfer

Nur hochsensibel, nicht ungewöhnlich!

Hochsensible Kinder verstehen und erziehen mit der Hilfe des inneren Kindes

1. Auflage
Autor: Annalena Kuhndörfer
ISBN: 978-3-9821916-1-4

Covergestaltung:
Wolkenart - Marie-Katharina Wölk, www.wolkenart.com

Bibliografische Information der Deutschen Nationalbibliothek:
Die Deutsche Nationalbibliothek verzeichnet diese Publikation in der Deutschen Nationalbibliografie; detaillierte bibliografische Daten sind im Internet über http://dnb.dnb.de abrufbar.

Inhalt

Einleitung

Jedes Kind ist einzigartig, auch in seiner Art, Dinge zu empfinden und mit ihnen umzugehen. Wie sich ein Kind emotional entwickelt, hängt zum Teil von der Erziehung aber auch von angeborenen Faktoren ab.

Seit Beginn der 1990er-Jahre existiert der Begriff der Hochsensibilität in der Psychologie, welcher von der US-amerikanischen Psychotherapeutin und Universitätsprofessorin Dr. Elaine Aron im Rahmen diverser Forschungen geprägt wurde. Sie geht heute davon aus, dass ca. 15 bis 20 % der Bevölkerung von Hochsensibilität betroffen sind. Mit inbegriffen sind da natürlich auch Kinder, zumal diese Eigenschaft meist angeboren ist.

In der Regel ist die Hochsensibilität an sich nicht behandlungsbedürftig und damit auch keine Krankheit oder Störung. Es handelt sich ganz einfach um eine Eigenschaft mit viel Einfluss auf alle möglichen Lebensbereiche des betroffenen Menschen. Probleme, die unter Umständen behandlungsbedürftig sein können, entstehen erst da, wo Hochsensibilität und das Leben miteinander kollidieren.

Das Leben als Mensch in einer Gesellschaft, vor allem in der heutigen westlichen, ist hochkomplex und birgt somit viel Potential für Konflikte, innere wie äußere.

Solche, in denen die Hochsensibilität eine Rolle spielt, finden sich vor allem im zwischenmenschlichen Bereich, bei Kindern in Kindergarten oder Schule, in Vereinen, der Familie und im Freundeskreis.

Was bedeutet es, hochsensibel zu sein?

Wo Leben ist, sind auch Reize. Und Reize aller Art spielen bei Hochsensibilität quasi die Hauptrolle. Unsere heutige Gesellschaft bietet gleich mehrere Quellen, aus denen Reize auf die Menschen einströmen. Druck, Stress, Geräusche, Bilder,... Und alle müssen sie vom Gehirn verarbeitet werden.

Alle aufgenommenen Reize wandern über die Nervenbahnen direkt ins Gehirn, wo sie weiterverarbeitet und beantwortet werden. Dabei kann es unter Umständen zu einer sogenannten Reizüberflutung kommen, welche dann vorliegt, wenn die ankommenden Reize in ihrer Menge oder Intensität die Kapazitäten des Gehirns zur Verarbeitung überschreiten. Das Gehirn kann die Reize dann nicht mehr adäquat verarbeiten.

Normalerweise verfügen wir Menschen über sogenannte Reizfilter, die wichtige von unwichtigen Reizen unterscheiden und die Unwichtigen bzw. Irrelevanten aussortieren. Bei Hochsensiblen scheint dieser Mechanismus nicht oder nur eingeschränkt zu funktionieren, wodurch es öfter und schneller zu solchen Reizüberflutungen kommt.

Eine psychische Überforderung und eventuell auch damit einhergehende körperliche Erschöpfung können die Folge sein.

Nun hat die Hochsensibilität aber nicht nur ein Gesicht, sondern viele Facetten. So liegt eine Akzentuierung bei einigen Betroffenen auf der Wahrnehmung über ein bestimmtes Organ oder mehrere Sinnesorgane. Der eine nimmt besonders optische Reize intensiver und detaillierter wahr, der andere hört besonders gut. Bei vielen liegt eine Akzentuierung aber auch auf der emotionalen Ebene, sodass vor allem eine seelische Hochsensibilität vorliegt. Meist ist es aber eine Kombination aus verschiedenen Aspekten und nicht eindeutig trennbar.

Irgendwann kommt jedes Gehirn an seine Grenzen und muss passen. Wenn jemand nun z. B. andauernd damit beschäftigt ist, jedes einzelne optische Detail aus seiner Umwelt aufzunehmen und zu verarbeiten, fehlen seinem Gehirn die Kapazitäten für die Verarbeitung anderer Reize, wodurch es auch dadurch zu einer allgemeinen seelischen und körperlichen Erschöpfung kommen kann. Obwohl man bei diesem Beispiel im ersten Moment meinen könnte, es seien nur optische Reize. Jede Erscheinungsform der Hochsensibilität führt am Ende also zu einer schnelleren Überforderung des zentralen Nervensystems.
Meist sind Betroffene auch, oft vor allem, auf emotionaler Ebene sensibler als andere. Sie nehmen sich die Dinge mehr zu Herzen und haben Probleme, sich von anderen abzugrenzen. Nehmen negative, aber auch positive, zwischenmenschliche Schwingungen im Raum wahr.

Spüren es häufig, wenn sie in einen Raum kommen, in dem zuvor gestritten wurde, obwohl mittlerweile vordergründig Ruhe eingekehrt ist. Ihnen kann man nichts vormachen, denn sie spüren oft, wie ihr Gegenüber sich wirklich fühlt. Man kann sagen, Hochsensible sind emotional besonders feinfühlig.

Dabei gibt es viele Betroffene, die sich bei einer solchen Überforderung intuitiv zurückziehen und einfach nur alleine sein möchten. Und es gibt die, die aus der Haut fahren oder anderweitig ausrasten, wenn sie mit den auf sie einprasselnden Reizen nicht mehr zurechtkommen. Letztere werden seltener als hochsensibel erkannt, sondern eher als einfach nur aufbrausend oder cholerisch verkannt. Einer, der sich zurückzieht, wird schon eher als "Sensibelchen" angesehen oder bezeichnet, auch wenn das eine eher negative Sichtweise auf einen sensiblen Menschen darstellt. Schon in der Kindheit zeigen sich diese beiden unterschiedlichen Arten, mit Reizüberflutung umzugehen, denn auch der Rest des Charakters hat natürlich Einfluss darauf. Vor allem der Aspekt, ob jemand eher intro- oder extrovertiert veranlagt ist.

Hochsensibilität bei Kindern

Zu welchem Schlag Mensch wir gehören, wird in der Grundstruktur bereits von der Natur vorbestimmt. Wir werden also mit bestimmten Charakterzügen und -tendenzen geboren, welche die Richtung in etwa vorgeben. Im Laufe des Lebens und vor allem der Kindheit und Jugend werden die charakterlichen Eigenschaften, auch unter Einfluss von außen, modifiziert.

Kinder stecken noch mitten in ihrer (emotionalen) Entwicklung und stellen somit eine besondere Gruppe der Hochsensiblen dar. Reize und Botschaften haben bei ihnen einen besonderen und nachhaltigen Einfluss, können maßgeblich auf die Entwicklung sowie den späteren Ist-Zustand einwirken. Bei bereits erwachsenen Hochsensiblen wirken die Reize einfach nur ein, bei Kindern wirken sie ebenso ein, hinterlassen aber gleichzeitig einen nachhaltigen Eindruck. Die Erfahrung mit Reizüberflutung (wie sie es schaffen, mit ihr umzugehen. Wie häufig und wann die Probleme immer auftreten. Wie die Eltern oder andere auf dieses und jenes Verhalten reagieren …), die Betroffene machen, prägt sich bei Kindern besonders ein. Sowie jegliche auch nur irgend bedeutende Erfahrung während der ersten Entwicklungsphasen des Lebens. All das fließt irgendwie in die Lernerfahrung mit ein und prägt die spätere Kompetenz, mit sich selbst und den Umwelteinflüssen umzugehen.

Und "bedeutend" ist hier das Stichwort. Kinder und Erwachsene, deren Reizfilter adäquat funktionieren, trennen "bedeutend" und "unbedeutend" automatisch voneinander und nehmen nur das richtig wahr, was ihr Gehirn für wichtig erachtet. Es wird sich auf das Wesentliche konzentriert. Hochsensible haben aber genau hier ein Problem, denn durch die defekten Filter ist alles oder zumindest vieles im Endeffekt gleichbedeutend.

Die beiden verschiedenen Typen der Hochsensiblen habe ich bereits erwähnt. Wenn ein Kind von Haus aus eher ruhig und zurückhaltend ist, sich öfter auch mal zurückzieht und mit sich selbst beschäftigt, wird es auch bei Hochsensibilität eher in diese Richtung tendieren. Ist ein Kind eher extrovertiert veranlagt, wird es auch in Sachen Hochsensibilität eher nach vorne gehen und seinem Unmut kundtun. Anderen zeigen, dass es ihm gerade zu viel ist.

Der extrovertierte Typ

Das sind oft die Kinder, die am Ende eines langen Tages im Kindergarten oder in der Schule nach Hause kommen und scheinbar schon bei Kleinigkeiten Wutanfälle bekommen. Häufig steckt bei solchen Kindern eine Hochsensibilität hinter ihrem schwierigen Verhalten. Eine “Kleinigkeit” ist dann nur der letzte Tropfen, der das sprichwörtliche Fass zum Überlaufen bringt. Denn dieses Fass ist bereits randvoll befüllt, mit Reizen und Eindrücken, die das Kind den ganzen Tag angesammelt hat, weil sein Gehirn mit der Verarbeitung nicht hinterherkommt. Der Wutanfall fungiert dann als Ventil und gleichzeitig als Abwehrmechanismus. Der zusätzliche Reiz wird aktiv abgewehrt, während die sowieso schon überschüssigen Reize alle unbeantwortet und mit Nachdruck durch das Ventil herausgelassen werden. Natürlich können Wutanfälle aber auch bei nicht hochsensiblen Kindern auftreten, wenn sie einen schlechten Tag haben oder der Tag besonders anstrengend war. Hier ist unbedingt darauf zu achten, wie häufig und wann das Verhalten immer auftritt.

Der introvertierte Typ

Diese Kinder ziehen sich dann häufig in ihr Zimmer zurück oder werden besonders still. Sie wollen vielleicht für den entsprechenden Tag keinen mehr sehen und versuchen auf diese Weise intuitiv, die Verarbeitung der überschüssigen Reize nachzuholen. In aller Ruhe. Gleichzeitig basiert dieses Verhalten in dem Falle auch auf dem Konzept der Erholung durch Ruhe. Während versucht wird, die noch anstehenden Reize nachzubearbeiten, soll gleichzeitig eine seelische Erholung stattfinden. Besonders Betroffene dieses Typs haben noch lange an für andere weniger nennenswerten Erlebnissen zu knabbern, weil die Reizverarbeitung eben teilweise noch Tage bis Wochen andauern kann. Auch hier ist jedoch darauf zu achten, dass ein solches Verhalten auch in Maßen auf nicht hochsensible aber dennoch introvertierte Kinder zutrifft. Hier geht es darum, wie häufig und nach welchen Situationen das Verhalten auftritt.

Allerdings bedeutet diese Aufteilung in zwei Typen nicht, dass jemand unbedingt dem einen oder anderen entsprechen muss. Es gibt genügend Variationen aus beiden Typen, die auf eine Person zutreffen können. Es geht hier nur um Tendenzen. Und so kann ein eher introvertiertes hochsensibles Kind durchaus auch ausrasten, wie etwa allein in seinem Zimmer. Die Wut richtet sich dann allerdings meist gegen es selbst oder auf Gegenstände. Während ein extrovertiertes, hochsensibles Kind beispielsweise nicht unbedingt immer ausrasten muss, sondern auch mal zu weinen beginnen oder sich einfach scheinbar beleidigt zurückziehen kann.

Das innere Kind verstehen

Zuerst lernen wir unser eigenes inneres Kind kennen und verstehen. Beim inneren Kind handelt es sich nämlich um eine modellhafte Betrachtungsweise der Seele bzw. innerer Erlebniswelten, wie sie gern von Psychotherapeuten verwendet wird. Bekannt wurde diese Betrachtungsweise z.B. durch Bücher von John Bradshaw, Erika Chopich und Margaret Paul.

Jeder von uns war einmal Kind. Dieses Kind wurde zwar älter und erwachsen, jedoch verschwand es dadurch nicht gänzlich. Der Körper entwickelt sich, der Geist ebenfalls, aber die Seele bleibt in ihrem Kern stark von diesem Kind beeinflusst. Im Grunde ist das innere Kind nichts anderes als das Kind, das wir einmal waren. Das nur eben mit zunehmendem Alter des Menschen immer sinnbildlicher wird und immer weiter in die Seele wandert.

Das Modell des inneren Kindes besagt, dass alles, was wir von Geburt an, und sogar noch früher, erleben, in unserer Seele gespeichert wird. Jedoch nicht primär in geistiger Form, also in Erinnerungen, sondern vor allem in Form des emotionalen Erlebens. Als negativ empfundene Ereignisse werden demnach im sogenannten Schattenkind, als gut empfundene im Sonnenkind, untergebracht.

Viele Antworten auf tiefsinnige Fragen über das eigene Leben und Empfinden könnte das innere Kind beantworten. Antworten, die Sie nur in sich selbst finden können.

Und auch um seelische Probleme und Blockaden zu lösen, kommt man nicht darum herum, sich mit seinem Innersten zu beschäftigten.

Eine umgangssprachliche Floskel legt uns nahe, dass wir unser inneres Kind bewahren sollen. Damit ist gemeint, dass wir Spaß am Leben haben und mit Humor durchs Leben gehen sollten. Auch wenn dieser Spruch dem inneren Kind nur zum Teil gerecht wird, enthält er dennoch eine gute und wichtige Botschaft.

Das, was wir gemeinhin als "Erwachsensein" bezeichnen, ist im Grunde nur ein teilweises Erwachsensein. Die wenigsten Menschen sind wirklich erwachsen, denn das würde bedeuten, dass sie auch eine hinreichend seelische Reife besäßen, in der sie in der Lage wären, sich mit ihrem inneren Kind auseinander zu setzen und Verantwortung für dieses bzw. sich selbst zu übernehmen. Sowohl das Schatten -, als auch das Sonnenkind sollten dabei in ihrer Ganzheit berücksichtigt und respektiert werden.

Die wenigsten Menschen kommen in ihrem Leben in den Genuss, sich mit ihrem inneren Kind bewusst auseinanderzusetzen, wie etwa in einer professionellen Therapie oder durch die private Beschäftigung mit dem Thema. Erwachsensein bedeutet Reife auf allen Ebenen, auch auf seelischer. Als Erwachsene sollten wir in der Lage sein, unserem inneren Kind fürsorgliche und kompetente Eltern zu sein.

Die Gesellschaft vermittelt die Ansicht, dass Kindlichkeit ab einem gewissen Alter verwerflich ist und mit dem Erwachsenwerden weichen muss. Dass auch beides miteinander geht, scheint unvorstellbar bzw. unvereinbar. Die Fähigkeit, unbekümmert zu sein, an Wunder zu glauben, Begeisterung aufzubringen, in Fantasie zu versinken, Leichtigkeit zu leben, Ehrfurcht zu empfinden oder einfach auch mal albern zu sein - all das und mehr scheint verpönt, wird häufig mit der Bemerkung "Sei nicht so kindisch!" kommentiert.

Es ist aber auch das innere Kind, wenn wir unverhältnismäßig wütend sind, wenn wir an Dingen festhalten, die wir eigentlich loslassen sollten, wenn wir Ängste haben, wenn wir um Kleinigkeiten streiten und trotzig immer im Recht zu sein glauben.

Bahnen sich Gefühle aus verdrängten Erlebnissen gewaltsam ihren Weg an die Oberfläche und entwickelt ein Mensch dadurch vielleicht psychische Probleme oder Krankheiten, heißt es oft: "Stell dich nicht so an!" oder "Sei nicht so empfindlich!". Dann wird dies als negative Schwäche angesehen.

Da die Gesellschaft aber selbst zutiefst gestört ist, entspringen viele ihrer Ansichten und Stereotypen auch dieser Gestörtheit. Immerhin besteht sie zu einem Großteil aus Menschen, die ihr inneres Kind unterdrücken, verleugnen oder anderweitig vernachlässigen/misshandeln.

Klar ist: Das innere Kind verwächst sich nicht mit der Zeit, es kann höchstens unterdrückt werden, und das nur für begrenzte Zeit und bis zu einem gewissen Grad. Nur weil etwas nicht gesehen oder zugelassen wird, heißt das nicht, dass es nicht existiert. Das innere Kind findet immer Mittel und Wege, Einfluss auf das Leben und Gemüt seines "erwachsenen" Wirts zu nehmen. Ein Mensch, der immer eine gewisse Grundaggression in sich trägt, der schnell aus der Haut fährt, wird emotional im Grunde vorwiegend vom Schattenkind gesteuert. Wer ein eher fröhliches Gemüt hat und viel Freude am Leben findet, scheint ein starkes Sonnenkind zu haben. Grundsätzlich besteht aber jedes innere Kind aus Schatten und Sonne. Bei dem einen ist das Schattenkind stärker, beim anderen das Sonnenkind.

Jede Persönlichkeit ist stark von diesem Kind beeinflusst, denn das innere Kind ist Teil der Persönlichkeit. Beide werden ganz wesentlich von Lebens - und Lernerfahrungen geprägt. Diese Erfahrungen bauen auf einer sowieso schon von Geburt an vorhandenen Grundlage aus Veranlagungen wie z.B. dem Grad der Sensibilität auf. Soll sagen, ein Kind hat von Geburt an gewisse Grundeigenschaften, die von Natur aus bestimmte Richtungen vorgeben. Wenn z.B. ein Kind eher introvertiert ist und schon im Kindergarten lieber für sich alleine spielt, ist das eben die Natur dieses Kindes.

Und so entstehen laut Experten Persönlichkeitsstörungen beispielsweise dann, wenn ein Mensch sich schon relativ früh auf Dauer und entgegen seiner eigentlichen Natur an bestimmte Lebensumstände/Strukturen oder/und Erwartungen anpassen musste.

All die Verhaltensweisen, die wir eigentlich nicht an den Tag legen wollen, es aber trotzdem tun - All die Dinge, die uns unverhältnismäßig wütend machen, ohne dass wir wirklich wissen, warum - All die Gefühlsregungen, die wir uns nicht logisch erklären können, unbegreifliche Ängste... Für all diese Reaktionen ist quasi das innere Kind verantwortlich. Es will gesehen werden, auf sich aufmerksam machen. Ebenso, wie jedes Kind. Und wenn ein Kind absolut nicht gesehen wird, dann wird es nun Mal irgendwann zwangsläufig verhaltensauffällig. Nicht viel anders ist das mit dem inneren Kind.

Strategien des (inneren) Kindes

Jeder Mensch entwickelt in seiner Kindheit schon früh bestimmte Strategien, um mit den gegebenen Umständen bestmöglich zurecht zu kommen. Kinder bekommen viel mehr mit, als wir uns vorstellen können, und sie merken schnell, wie sie sich wann verhalten müssen, um das zu bekommen, was sie brauchen oder wollen. Sie sind ständig dabei, auszuloten, wie sie für sich das Beste rausholen können. Dies sehen wir z.B. beim sogenannten "Ausspielen", bei dem die Kinder ab einem gewissen Entwicklungsstand beginnen, beide Elternteile bzw. zwei erwachsene Verantwortliche getrennt voneinander gegeneinander auszuspielen, um etwas zu bekommen. Das ist völlig normal, haben wir alle irgendwie getan.

Auch wenn diese natürlichen Verhaltensweisen negativ anmuten und Kinder als berechnende Gören erscheinen lassen, ist es keinesfalls so gemeint. Dieses Verhalten ist völlig natürlich, weil wir, wie jedes Tier, erst einmal rein egoistisch zur Welt kommen. Erst durch das Leben und eben die Erziehung lernen wir Sozialverhalten, … oder auch nicht. Da sich unsere Persönlichkeit in ihren Grundstrukturen bis etwa zum 18. Lebensjahr entwickelt, ist es auch völlig normal, dass der Egoismus sich in bestimmten Situationen immer wieder äußert. Solange sich das in dem Maße verwächst und der Egoismus auf ein Level kommt, das sozial verträglich ist, stellt das auch kein Problem dar.

Um bei diesem Beispiel zu bleiben, nehmen wir nun einmal den selbstbezogenen Menschen her. Bei ihm wurde das innere Kind anscheinend vor allem in dieser Eigenschaft, dem Egoismus, bestärkt. Eigentlich ist das nichts anderes als die logische Konsequenz eines Lernprozesses. Als Kind muss dieser Mensch durch bestimmte Erfahrungen Strategien entwickelt haben, die sich als erfolgreich erwiesen. Und natürlich behält man Strategien, die funktionieren, dann auch bei. Nun gibt es verschiedene mögliche Ursachen dafür, dass jemand den Egoismus während seiner Entwicklung nicht ablegen bzw. ausreichend vermindern konnte.

Eine Möglichkeit wäre, dass es in der Kindheit an Zuwendung und Anerkennung mangelte, und das Kind irgendwann damit begann, sich selbst die nötige Anerkennung zu verschaffen. Das kann sich wiederum zum Selbstläufer entwickeln, bei dem der Fokus auf sich selbst und die Beschaffung von Anerkennung sich immer weiter verengen.

Es kann aber auch sein, dass ein Kind zu viel Anerkennung erfährt. Damit ist gemeint, dass es dauernd und für jede Kleinigkeit überschwänglich und realitätsfern gelobt oder ermutigt wird ("Du bist der/die Beste!", "Du kannst viel mehr als die anderen Kinder!", etc.). Nicht selten findet dabei gleichzeitig eine Abwertung anderer Kinder statt. Springt das Kind darauf an, genießt es das also, dann kann es gut sein, dass es diese Aussagen und Gesten fest verinnerlicht.
Wenn es dann irgendwann beispielsweise in die Schule kommt und dort eben nicht dauernd dieses Lob bekommt, kann das sehr irritierend sein und zu einer Art Entzug führen.
Und dann ist die Entwicklung einer Strategie zur Lob - Beschaffung wahrscheinlich.

Doch wie ein Kind auf bestimmte Lebensumstände, Erfahrungen und Erziehungsmethoden reagiert, kommt letztlich darauf an, wie es sie aufnimmt und verarbeitet. Dabei spielen schon vorhandene Charaktereigenschaften eine bedeutende Rolle. Deshalb muss z.B. auch nicht gleich jeder, der in der Kindheit wenig Anerkennung und Zuneigung erfahren hat, ein Egoist sein. Es sind nur Beispiele. Je nachdem, wie das Zusammenspiel zwischen vorhandenen inneren Präferenzen und Umwelteinflüssen im Individuum funktioniert, entwickeln sich z.B. die inneren Kinder zweier Menschen mit sehr ähnlichen Lebenserfahrungen völlig verschieden.

Kinder entwickeln Strategien, um das Beste für sich herauszuholen, aber auch und vor allem solche, die ihnen das Leben zu erleichtern versprechen. Im Endeffekt geht es darum, die eigenen Bedürfnisse bestmöglich zu befriedigen.

Überlebensstrategien

Eine Art der Strategien sind die sogenannten Überlebensstrategien, die vor allem dann entwickelt werden (müssen), wenn das Kind sich in seelischer oder/und körperlicher Hinsicht durch Lebensbedingungen bedroht fühlt. Dabei kann es sich um den Umgang mit Gewalt in der Familie, mit anhaltender familiärer Disharmonie sowie mit allen möglichen anderen Belastungen handeln.

Ein extremes Beispiel wäre die Strategie der Abspaltung bestimmter Erlebnisse vom Bewusstsein, welche zu einer dissoziativen Störung führen kann. Die stärkste Ausprägung stellt die sogenannte dissoziative Identitätsstörung (veraltete Bezeichnung: multiple Persönlichkeitsstörung) dar, im Rahmen derer sich die Seele in mehrere bis viele verschiedene Persönlichkeiten aufgespalten hat, weil das Erlebte für das einstige Kind allein nicht auszuhalten war. In solchen Fällen müssen in der Regel schon relativ früh schlimmste Erfahrungen stattgefunden haben, die für das Kind so unerträglich gewesen sein müssen, dass seine Seele keinen anderen Ausweg mehr sah, als das Erlebte so vom Bewusstsein ab zu spalten, dass sich das Leid auf verschiedene voneinander komplett getrennte Anteile verteilt.
Geschehen diese Erlebnisse immer wieder, also etwa auf regelmäßiger Basis, manifestieren sich die Anteile immer mehr, bis letztlich komplette Persönlichkeiten daraus entstehen.

Selbstverständlich müssen auch für die Entwicklung einer solchen Persönlichkeitsstörung verschiedene Faktoren zusammenkommen, wie etwa eine vorhandene hohe Sensibilität und ausreichend einschneidende Erlebnisse von außen aufeinandertreffen. Auch hier entwickelt nicht jedes Kind, das Schlimmstes dauerhaft durchmacht, eine multiple Persönlichkeit.

Eine weniger extreme Überlebensstrategie wäre z.B. die der Verhaltensauffälligkeit zum Zwecke der Aufmerksamkeitserregung. Wenn ein Kind beispielsweise auf Dauer das Gefühl hat, nicht beachtet bzw. gesehen zu werden, kann es sein, dass es versucht, mit auffälligem Verhalten gegenzuwirken. Dabei ist es häufig erst einmal zweitrangig, ob es positive oder negative Aufmerksamkeit ist. Hauptsache irgendeine Reaktion. Funktioniert das, wird diese Methode immer wieder angewandt und geht somit mehr und mehr in die Persönlichkeit über. Zu den Überlebensstrategien zählt diese deshalb, weil Aufmerksamkeit und das Gesehen werden zu den seelischen Grundbedürfnissen gehören. Und ohne Aufmerksamkeit gibt es auch keine Zuneigung. Zu Beginn unseres Lebens sind wir sogar in Hinsicht auf das tatsächliche Überleben auf Aufmerksamkeit und Zuneigung angewiesen.

Lernen durch Beobachten am Beispiel des Missbrauchs

Es geht hierbei um das Erlernen und Verinnerlichen von Verhaltensmustern durch Beobachtung und Nachahmung. Missbrauch zieht sich auch deshalb häufig durch mehrere Generationen einer Familie, weil entsprechendes Verhalten vom jeweiligen Täter als Kind erlernt wurde. Es gehörte zum Alltag und ist zwangsläufig im inneren Kind gespeichert. Dass das Verhalten der eigenen Eltern an den eigenen Kindern praktiziert und somit an die nächste Generation weitergegeben wird, ist besonders dann sehr wahrscheinlich, wenn das Kind von damals nicht wenigstens nachträglich ausreichend Hilfe bekommt. Wenn der Betroffene die schmerzhafte Kindheit zu verdrängen pflegt, dementsprechend das innere Kind unterdrückt und leugnet, kann es keine sinnvolle Hilfe geben. So werden aus Menschen, die sich vornehmen, nicht wie der Vater oder die Mutter zu werden und seine Kinder besser zu behandeln, häufig solche, die es letztlich doch nicht wesentlich anders machen. Weil das Problem nie angegangen wurde und das innere Kind die entsprechenden Muster nie wirklich durch bessere alternative Verhaltensweisen ersetzen konnte.

Beispiel: Das Kind will einfach nicht hören

Ein innerer Konflikt bricht aus, zwischen dem inneren Kind und dem Erwachsenen - Ich. Letzteres, geleitet vom Bewusstsein, plädiert dafür, es nicht wie die Mutter damals zu tun. Das Kind nicht zu schlagen. Das innere Kind, geleitet vom viel mächtigeren Unterbewusstsein mit all seinen Gefühlen und Emotionen, hat nur eine Handlungsmöglichkeit gelernt, und nie Alternativen an die Hand bekommen. Also tut es das, was es gelernt und abgespeichert hat.

Da Gefühle in der Regel schneller als Gedanken reagieren, geschieht dieser Prozess binnen Sekunden, also meist auch impulsiv. Und da Gefühle sowieso viel mächtiger sind, unterliegt das Bewusstsein bzw. der Verstand häufig. Die Arbeit mit dem inneren Kind bedeutet daher auch, Tiefliegendes an die Oberfläche bzw. in das Bewusstsein zu holen, um sich damit beschäftigen und etwaige Probleme/Blockaden/destruktive Muster lösen zu können.

Die manifesten Strategien bleiben in der Regel, wenn sie sich bewährt haben, auch für immer Teil eines Menschen, als Teil des inneren Kindes. Zumindest Tendenzen bleiben erhalten, weshalb die Kindheit auch als die Zeit gilt, die den tiefsten Eindruck hinterlässt und uns wesentlich prägt.

Jeder Mensch ist, wie er ist, weil es so war, wie es war. Das bedeutet aber nicht, dass jedes Verhalten geduldet werden muss. Es hilft nur, zu verstehen, warum jemand so ist, wie er ist, um besser mit ihm umgehen zu lernen und dadurch eventuell eine Änderung zu ermöglichen.

Denn am weitesten kommt man bei zwischenmenschlichen Konflikten immer noch mit Verständnis.

Die Auseinandersetzung mit dem eigenen inneren Kind

Was zunächst vielleicht schmerzhaft und anstrengend ist, erweist sich im Endeffekt als glücklicher Segen, der jegliche emotionale Problemlösung erleichtert. Sich mit dem eigenen Innersten auseinanderzusetzen bedeutet nämlich auch, sich seinen Dämonen zu stellen. Und nur wenn ich um diese weiß, kann ich gezielt daran arbeiten, sie zu vertreiben oder zumindest zu beschwichtigen.

In Bezug auf den Umgang mit sich selbst, mit seinen Mitmenschen, vor allem aber mit seinen eigenen Kindern, ist die Arbeit mit dem inneren Kind und so auch Respekt wie Akzeptanz ihm gegenüber, unglaublich wichtig und wertvoll. Denn, wie schon im Beispiel geschildert, können wir 1000 Mal davon sprechen, wie wir alles besser als unsere Eltern machen werden. Wir können es uns 1000 Mal vornehmen, nicht die gleichen Fehler zu machen. Solange unser inneres Kind sich unserem Bewusstsein entzieht, haben wir gar keine Möglichkeit, die erlernten Grundstrukturen zu verändern, den Kern unseres Verhaltens und somit die Quelle unserer ungewollten Verhaltensweisen zu erreichen.

In diesem Buch soll es genau darum gehen. Um die Arbeit mit dem inneren Kind im Hinblick auf die Erziehung der eigenen Kinder. Begleiten wird uns zunächst die Leitfrage: "Wer/wie ist mein inneres Kind, was braucht es und wie kann ich es ihm geben?" Im Anschluss wird es darum gehen, was Sie aus Ihren so gewonnenen Erkenntnissen Konstruktives/Positives ziehen können, um Ihren Kindern die bestmöglichen Voraussetzungen zu schaffen. Voraussetzungen, um sich einmal zu Erwachsenen mit möglichst einflussreichem Sonnenkind und möglichst schwach ausgeprägtem Schattenkind entwickeln zu dürfen.

Bemerkung: Dabei muss es nicht immer das Extreme sein, was das Schattenkind nährt. Schon die Tatsache, dass sich die Eltern beispielsweise häufig streiten, kann das Schattenkind eines besonders harmoniebedürftigen und seelisch verletzlichen Kindes regelmäßig "sättigen".

Das Sonnenkind greift unter Umständen schon nach kleinsten positiven Erlebnissen wie z.B. einem Lächeln oder anderen netten Gesten in seine Richtung. Darüber hinaus profitiert es natürlich von jedem schönen Erlebnis, das ihm zuteilwird. Das Rezept für eine gesunde Persönlichkeitsentwicklung ist so und theoretisch eigentlich recht simpel, denn es muss lediglich der positive Input in seiner Macht deutlich überwiegen. Solange das Sonnenkind stärker ist und sich liebevoll um das kleinere Schattenkind kümmern kann, es auch in Konfliktsituation gut mit ihm meint, ist im Grunde alles in Ordnung. Wichtig ist, dass Sie als Erwachsenen - Ich beide Seiten Ihres inneren Kindes kennen - und akzeptieren lernen.

Wenn Sie Ihren Kindern eine gute Mutter bzw. ein guter Vater sein möchten, dann sollten Sie zunächst bei Ihrem inneren Kind damit beginnen.

Warum es so wichtig ist, das innere Kind zu lieben.

Fühlt sich Ihr inneres Kind von Ihnen vernachlässigt, sendet es negative Botschaften an die Oberfläche, um Ihnen genau das mitzuteilen. Um Ihnen mitzuteilen, was Ihr ignorantes Verhalten mit ihm macht. So wie es jedes vernachlässigte Kind tun würde. Es möchte Ihnen z.B. sagen: "Ich bin schwach!", "Ich bin müde!", "Ich brauche dich!", "Ich bin wütend auf dich, weil du mich alleine gelassen hast!", "Ich bin nicht liebenswürdig!", "Niemand mag mich!". Ihnen werden diese Selbstzweifel wahrscheinlich eher als eine Art innere Stimme erscheinen, die irgendwo herkommt. Nun kann ich Ihnen sagen: es ist Ihr inneres Kind, das sich so zu wehren, aber auch zu schützen, versucht. Da das innere Kind von irrationalen Gefühlen geleitet wird, entstehen viele falsche Überzeugungen und Glaubenssätze, die einer Realitätsüberprüfung bedürfen. Das innere Kind selbst kann diese Überprüfung aber nicht durchführen, das müssen Sie als Erwachsener tun. Dafür ist jedoch Voraussetzung, dass Sie mit Ihrem inneren Kind zusammenarbeiten.

Geschieht das nicht rechtzeitig, dann entsteht das sogenannte Ego, welches die negativen Botschaften des inneren Kindes für bare Münze hält und aus den Hilferufen Überzeugungen und Zweifel schafft.

Dieses Ego meint es im Grunde nur gut mit Ihnen, denn es sieht sich als eine Art Beschützer, vor dem in negativen Gefühlen liegenden Schmerz.
Die Botschaften des inneren Kindes werden quasi übernommen und gegen es verwendet. Alles in erster Linie dafür, das innere Kind vom Erwachsenen - Ich fernzuhalten. Sowohl in Hinsicht auf negative Gefühle oder/und Erinnerungen (Schattenkind), als auch in Bezug auf das positive Sonnenkind. Bei der Unterdrückung von Zweiterem spielen vor allem die gesellschaftlichen Strukturen und Erwartungen eine Rolle. Die dem Erwachsenen suggerieren, dass Leistung das höchste Gut sei und Erwachsensein Ernsthaftigkeit bedeute. So wird versucht, die gelernten Werte und Normen vor sich selbst zu rechtfertigen.

Um mit Ihrem inneren Kind wieder in Verbindung zu treten, brauchen Sie vor allem den Schlüssel des Verständnisses. Dabei können Sie sich Ihr Ego als den lieblosen Teil Ihres Erwachsenen - Ich's vorstellen, dem Ihr liebevolles Erwachsenen - Ich Einhalt gebietet. Da das Ego direkt mit dem inneren Kind in Verbindung steht, wird es automatisch von Dannen ziehen, wenn Sie Ihr inneres Kind liebevoll behandeln.

Es geht darum, Interesse zu zeigen, da zu sein, zuzuhören und es vor allem ernst zu nehmen. Dabei hilft es, sich immer wieder zu vergegenwärtigen, dass es genauso Ihr leibliches Kind sein könnte, und wie Sie mit diesem jetzt gerade (gerne) umgehen würden.

Das innere Kind und die Hochsensibilität

Das Erleben eines hochsensiblen Kindes ist in besonderem Maße intensiv, weshalb auch in dem Falle das innere Kind besonders viel Futter bekommt. Dabei können sogar an sich positive Ereignisse schnell ins Negative kippen, indem entsprechendes Erleben im Schattenkind gespeichert wird. So können beispielsweise Kindergeburtstage mit viel Trubel und Spaß für ein hochsensibles Kind die Hölle werden, auch wenn solche Erlebnisse an sich eigentlich positiv sind. Ein klassischer Fall von "zu viel des Guten". Zu viele eigentlich positive Reize machen das Erlebnis zu einem schlechten und werden somit irrtümlicherweise im Schattenkind gespeichert.

Hochsensible Kinder sind häufig missverstandene Kinder. Ihre Hochsensibilität wird nicht erkannt, wodurch sie nicht lernen können, damit umzugehen. Wodurch sie oft auf Unverständnis, auch seitens der Eltern, stoßen und damit immer wieder vermittelt bekommen, dass sie im negativen Sinne anders sind und sich nicht verstanden fühlen. Sich ja selbst nicht verstehen.

Das liegt nicht zuletzt daran, dass relativ wenige Eltern sich mit dem Thema Hochsensibilität auseinandersetzen, obwohl sie oft selbst betroffen sind und es gar nicht wissen. Tatsächlich kann die Veranlagung nämlich vererbt werden.

In der Wahrnehmung vieler Eltern ist ein Kind, das oft Wutanfälle hat oder sich häufig zurückzieht, einfach nur ein schwieriges Kind. Dabei sollte unbedingt immer hinterfragt werden, warum es so ist. Es muss immer einen Grund geben. Nur wenn man den findet und wahrnimmt, kann man damit verbundene Probleme wirklich lösen.

Aus einem un- oder missverstandenen hochsensiblen Kind wird ein un- oder missverstandenes hochsensibles inneres Kind, das nie gelernt hat, sich selbst zu verstehen und zu helfen. Das negative, aber auch positive, Erlebnisse besonders intensiv empfunden und entsprechend tief abgespeichert hat. Das aber auch besonders unter den negativen zu leiden hat, weil diese sich so viel intensiver eingebrannt haben, als die positiven Erlebnisse.

Dass solche hochsensiblen Erwachsenen nicht entstehen, dass stattdessen solche entstehen, die sich selbst kennen und zu helfen wissen, ist die Mission dieses Buches. Voraussetzung dafür ist das Verständnis der Eltern und deren Eingehen auf die Hochsensibilität ihres Kindes.

2 Beispiele von hochsensiblen Menschen, deren inneres Kind verletzt ist

Joachim

Als Kind war Joachim ein Wirbelwind und wusste oft gar nicht, wohin mit sich. Ständig bekam er zu hören: “Jetzt bleib doch mal sitzen, das ist ja schrecklich mit dir!”, “Reiß dich jetzt mal zusammen und setz dich auf deinen Hosenboden!”, “Hör auf, so herumzuzappeln!”, “Du machst mich ganz verrückt mit deiner Hampelei!”, “Kannst du dich nicht einmal benehmen! Andere Kinder schaffen das doch auch!”, “Immer muss man sich für dich schämen!”, “Du bringst mich noch ins Grab!”,… Wenn er es dann mal geschafft hat, ruhig zu sitzen, dann kam höchstens ein “Siehst´e?! Geht doch! Dann mach´s doch einfach immer so!”.

Nie hat er sich so geliebt gefühlt, wie er war. Immer sollte er nicht so sein, wie er war. Immer wurde er mit anderen verglichen. Ständig hieß es, er solle sich ändern, aber nie wurde ihm gezeigt, wie das geht. Wie anders sollte er denn genau sein? Wenn seine Mutter Kopfschmerzen hatte, war es seine Schuld. Wenn sie erschöpft war, war es seine Schuld. Wenn sie gestresst war, war es seine Schuld.
Er war für all das Leid seiner Mutter verantwortlich. So zumindest empfand es Joachim. Sie hat es so nie gesagt. Gespürt hat er es aber wohl.

Nur weil er so war, wie er nun mal war. Nicht das ruhige Kind, das seine Mutter gerne gehabt hätte. Nun ist es aber nicht so, dass er wirklich Schlimmes getan hat. Ansonsten war Joachim ein lieber Junge, nur etwas hyperaktiv und unruhig. Und diese eine Eigenschaft war es, die seine Mutter so sehr störte, dass sie darüber seine anderen Eigenschaften gar nicht mehr wahrnahm. Ständig wurde er von ihr auf diese eine Eigenschaft reduziert. So zumindest empfand es Joachim. Sicher hat seine Mutter nicht nur gezetert, war durchaus ansonsten eine recht gute Mutter. Sie kümmerte sich gut. Nur charakterlich war sie sehr grob und gerade heraus. Sie achtete nicht sehr auf das, was sie sagte, und dachte oft nicht nach, bevor sie sprach.

Heute ist Joachim 35 Jahre alt und hat eine eigene Familie. Und bis heute erwischt er sich immer wieder dabei, wie er versucht, seiner Mutter zu gefallen. Ständig hat er das Gefühl, er müsse ihr etwas beweisen. Er müsse ihr zeigen, was er kann. Manchmal kommt er sich vor wie ein kleines Kind, das verzweifelt versucht, die Anerkennung seiner Mutter zu bekommen. Aber nicht nur im Zusammenhang mit seiner Mutter ist das so, sondern generell. Er verstellt sich, um anderen zu gefallen.

Damit hat er schon früh in seiner Kindheit angefangen. Obwohl er diese eine "verbotene" Eigenschaft heute nicht mehr so hat, bemerkt er immer wieder, wie er seine wahre Persönlichkeit versteckt und sich so anpasst, wie er glaubt, dass ihn sein Gegenüber haben möchte. Generell ist er ein sehr unsicherer Mensch und hat Probleme damit, anderen zu vertrauen. Dass er Frau und Kind hat, fühlt sich für ihn wie ein Wunder an. Wenigstens das hat er in seinem Leben zustande gebracht. Wenigstens das.
Als seine Mutter letztes Jahr einen Herzinfarkt erlitt, ertappte er sich dabei, wie er sich schuldig fühlte. Obwohl er es selbst besser wusste, konnte er sich nicht von diesem Gefühl distanzieren. Es hat Monate gedauert, bis es wieder ganz verschwunden war.

Wie oft hat er sich schon vorgenommen, sich von seiner Mutter nicht mehr so beeinflussen zu lassen, und trotzdem verspürt er immer wieder das Bedürfnis, ihr nahe zu sein und ihr zu zeigen, wer er ist. Dass er nicht mehr das zappelige Kind ist, sondern ein ruhiger Erwachsener mit einer eigenen Familie.

Joachims inneres Kind und seine Wunden

Weil Joachim ein hochsensibler Mensch ist (in der Kindheit natürlich noch nicht bekannt), haben sich die negativen Worte seiner Mutter bei ihm ganz besonders eingebrannt.

Und obwohl sie durchaus auch mal positive Worte an ihn gerichtet hat und sich gut um ihn kümmerte, wog das Negative schwer.
Gerade weil er eben besonders feine Fühler hatte, waren die Aussagen seiner Mutter umso markanter. Wäre er selbst seelisch ein wenig robuster gewesen, hätten sie ihm vielleicht nicht so viel ausgemacht und er hätte sich mehr auf die positiven Aspekte seiner Kindheit konzentrieren können, jedoch war er nun mal besonders sensibel und achtete auf jedes einzelne Wort.
Er dachte über jede Aussage seiner Mutter, die sich auf ihn bezog, lange und intensiv nach. Interpretierte sie eingehend und kam immer zu dem Schluss, dass er so, wie er ist, nicht richtig ist.

Der Prozess der Veränderung steht heute noch aus. Nach außen hin hat er sich verändert, ist ruhiger geworden, doch sein inneres Kind hat davon nichts mitbekommen. Für das innere Kind ist der Prozess nicht abgeschlossen. Es fühlt sich immer noch alleingelassen in der Frage, wie es sich ändern soll. Es weiß nur, dass es sich ändern soll. Und deshalb ist es noch immer abhängig von der Mutter. Es sucht Antworten und möchte ihr unbedingt gefallen. Es hat noch immer das Bedürfnis seiner Mutter zu zeigen, was es alles für Qualitäten hat, in der Hoffnung, dass sie sie endlich sieht. Und das innere Kind gibt die Hoffnung nicht auf. Und noch immer fühlt es sich verantwortlich für ihr Leid, solange, bis es eine neue, viel nähere, Bezugsperson an die Hand nimmt und ihm hilft, seine Wunden zu heilen. Und diese Bezugsperson muss Joachim selbst sein.

Simone

Simone war schon immer sehr schüchtern und brauchte viel Zeit für sich allein. Ihren Eltern war es hingegen immer sehr wichtig, dass ihr Kind sich in eine Gruppe einfügt und so wenig wie möglich allein ist. Sie machten sich große Sorgen darum, dass Simone keine Freunde finden würde und so unglücklich wird. Deshalb meldeten Sie das Mädchen in gleich zwei Vereinen an. Einmal im Turnverein und einmal in der Jungschar. Durchaus turnte Simone gerne, ganz willkürlich war das von ihren Eltern ja nicht. Und in der Jungschar war Simones beste Freundin, weshalb sie davon ausgingen, dass auch Simone gern dorthin gehen würde. Auch besprachen Sie das Ganze mit ihr, sie wollten ja, dass es ihrer Tochter auch gefällt. Da Simone aber nicht nur schüchtern, sondern auch sehr unsicher und vorsichtig war, wollte sie ihre Eltern nicht enttäuschen und stimmte zu. Hatten sie ihr doch so begeistert von ihrer Idee erzählt. Sie konnte da nicht NEIN sagen.

Und so hatte sie neben Schule und Hausaufgaben auch noch jeden Dienstag und Donnerstagabend Turnen sowie jeden Freitagnachmittag Jungschar. Die ganzen Veranstaltungen der jeweiligen Vereine kamen noch obendrauf. Dass sie sich eigentlich unter so vielen Kindern nicht wohlfühle und die vielen Termine und Verpflichtungen der Woche sie überforderten, traute sie sich nicht, ihren Eltern zu sagen. Immer war da diese Angst, sie zu enttäuschen. Also hielt sie durch und stellte ihre eigentlichen Bedürfnisse hintenan. Ihre ganze Kindheit und frühe Jugend über.

Generell hatte sie ständig Angst davor, ihre Eltern zu enttäuschen, weshalb die Bedürfnisse ihrer Eltern für sie immer vorgingen. Die freuten sich natürlich über ein so braves und liebes Kind, das mit allem zufrieden schien und so bescheiden war. Das nie Ärger machte und auch nie wütend zu sein schien. Ein wunderbar ausgeglichenes Kind, werden sich die Eltern gedacht haben.

Dass ihre Tochter einfach nur sehr gut darin war, ihre Rolle zu spielen, die sie sich selbst zum Zwecke des Familienfriedens und der Harmonie auferlegt hat, war ihnen nicht klar. Dass sie dafür ihre Bedürfnisse und Gefühle zurückhielt. Dass sie durchaus auch mal wütend war, die Wut aber schluckte und heimlich, allein in ihrem Zimmer, herausließ. Meist an sich selbst, aber nur so, dass es die Eltern nicht sahen. Aus irgendeinem Grund war da diese Angst vor Disharmonie, diese Angst davor, ihre Eltern oder den Familienfrieden zu stören. Sie wollte ihnen keinerlei Anlass geben, sie nicht mehr zu lieben oder sich ihretwegen zu streiten. All das musste sie tunlichst vermeiden. Diese ganzen Ängste hatte sie, seit sie denken konnte, wusste aber nie, warum. Das weiß sie bis heute nicht.

Heute ist Simone 26 Jahre alt und lebt allein in einer kleinen Wohnung mit ihren zwei Katzen. Als sie 16 Jahre alt war, hat sie es endlich geschafft, ihren Eltern zu sagen, dass sie die Vereine nicht mehr besuchen möchte. Das Turnen machte ihr zwar immer noch Spaß, aber eben alleine und nicht in der Gruppe. Als Alternative schaffte sie es sogar, ihre Eltern davon zu überzeugen, dass sie Reitunterricht nehmen durfte. Endlich eine Sportart, sie alleine machen und bei der sie sich entspannen konnte. Außerdem haben ihre Eltern gar nicht so schlimm reagiert, wie sie es immer befürchtet hatte. Sie haben es nach kurzer Diskussion akzeptiert und Simone war endlich erleichtert.

Doch als sie diese Hürde endlich überwunden hatte, fingen ihre Gefühle an, sie zu überrollen. Immer öfter hatte sie Mühe, ihre Wut zu kontrollieren. Immer öfter fing sie aus heiterem Himmel an zu weinen. Alles, was ihr in den letzten Jahren relativ leichtfiel, wurde jetzt immer schwerer. Es schien, als müssten sich ihre Gefühle unbedingt entladen. Als könnten sie nicht mehr länger warten.

Bis heute hat sie diese Probleme. Zwar lebt sie heute so, wie es ihr guttut, ist viel alleine und beschäftigt sich mit ihren Katzen, doch bemerkt sie immer wieder ihre alten Wunden. Sie ist ständig damit beschäftigt, ihre Gefühle im Zaum zu halten.

Sie scheinen zu kommen und zu gehen, wann sie wollen. Die Auslöser können schon Kleinigkeiten sein, aber vor allem triggert sie der Kontakt zu ihrer Familie. Dabei möchte sie das gar nicht, denn ihre Familie hat ihr nichts getan. Ihre Eltern waren immer liebevoll und meinten es immer nur gut mit ihr. Sie haben sie nur nicht verstanden, nicht erkannt, haben es nicht geschafft, hinter den Vorhang zu blicken. Doch sie erinnern sie an eine Zeit, in der sie still gelitten hat. Ihr inneres Kind weiß nicht, dass Simone jetzt ein anderes Leben führt. Es weiß nicht, dass sie schon mit 16 Jahren den ersten Befreiungsschlag geschafft hat. Das innere Kind ist eben noch immer auf dem Stand von vor 15 Jahren. Es ist darin gefangen und versucht immer wieder, sich Gehör zu verschaffen. All die Gefühle, die sich angestaut haben, irgendwie loszuwerden. Simones inneres Kind rastet quasi aus, weil es so ewig nicht ausrasten durfte. Und das wird es so lange tun, bis Simone es erkennt, an die Hand nimmt und ihm hilft, seine Wunden zu heilen.

Das waren nur 2 von vielen möglichen Fallbeispielen, wie sich das innere Kind eines Menschen entwickeln kann, wenn seine Hochsensibilität mit der Lebenswirklichkeit seiner Kindheit kollidiert. Bei hochsensiblen Kindern können unter Umständen schon Nuancen im Verhalten der Eltern oder im Familienklima zu seelischen Problemen oder Schäden führen. Wenn sie nur lange genug anhalten. So sehen wir es z. B. bei Simone. Hier haben wir eine unglückliche Verkettung von Eigenschaften und Umständen, die letztendlich zu einem generellen Missverständnis zwischen Eltern und Kind führten. Ebenso passten die Persönlichkeiten von Joachim und seiner Mutter nicht zusammen. Sie war eher der robuste, etwas grobere Charaktertyp. Joachim war weich und sensibel. Auch sie sprachen verschiedene Sprachen. Kindheitstraumata müssen also nicht immer durch schlimmen Missbrauch oder Misshandlung entstehen. Es muss nicht einmal immer einen Schuldigen geben. Manchmal passiert es einfach. Auch deshalb ist es so wichtig, Hochsensibilität möglichst früh zu erkennen, die Bedürfnisse des Kindes zu erörtern und diese dann möglichst zu erfüllen.

Wie erkenne ich, dass mein Kind hochsensibel ist?

Neben den bereits erwähnten und erklärten Anzeichen wie etwa der häufig auftretende Wutanfall oder Rückzug nach einem Tag voller Eindrücke und der besonderen Feinfühligkeit, gibt es noch einige weitere Anhaltspunkte, die auf eine Hochsensibilität beim Kind hinweisen können. Allerdings kann abschließend nur ein Fachmann oder eine Fachfrau wie etwa ein/e Psychologe/in abklären, ob es sich um eine Hochsensibilität handelt oder nicht. Dafür gibt es spezielle Testverfahren.

Meist zeigt sich Hochsensibilität bei Kindern bereits im Säuglings- oder Kleinkindalter. Häufig sind sie besonders empfindlich gegenüber Temperaturunterschieden, Berührungen, Schmerzreizen, Geräuschen, Gerüchen oder Licht. Ein Säugling kann dies natürlich noch nicht klar äußern, jedoch reagiert er auf entsprechende Reize oft mit Schreien oder Weinen. Generell sind hochsensible Kinder als Babys oft sogenannte Schreikinder, was aber nicht der Fall sein muss. Auch ist häufig der Bedarf an körperlicher Nähe zur Mutter und/oder zum Vater (oder einer anderen engen Vertrauensperson) gesteigert.

Hochsensible Kinder machen oft Probleme beim Anziehen, da sie Kleidung am Körper häufig als unangenehm empfinden, ebenso beim Haarekämmen oder Nägelschneiden.

Nicht selten verfügen betroffene Kinder über eine blühende Fantasie, sind besonders kreativ veranlagt. Trennungsängste und “Fremdeln” sind ebenfalls häufige Begleiter hochsensibler Kinder.

Erziehung und ihre Tücken

Es stellt sich beim Thema Erziehung immer die Frage, was Erziehung eigentlich genau ist. Wir benutzen das Wort und haben eine ungefähre Vorstellung davon, jedoch ist es sehr hilfreich, wenn wir uns den Begriff noch einmal in all seiner Bedeutung ins Bewusstsein rufen.

Laut allgemeiner Definition ist Erziehung die pädagogische Einflussnahme auf die Entwicklung sowie das Verhalten von Kindern und Jugendlichen bzw. Heranwachsenden. Das große Ziel von Erziehung ist die Befähigung des Menschen zur Selbstständigkeit innerhalb seines Lebensraumes. So wie das bei allen Tieren der Fall ist. Sie sollen am Ende in ihrem Lebensraum gut zurechtkommen und in diesem als Individuum ohne engere Betreuung durch die Eltern bzw. Erziehungsberechtigten lebensfähig sein.

Da unsere Menschenwelt um einiges komplexer ist als die anderer Tiere, und der Mensch an sich schon ein viel komplexeres Wesen ist, gibt es bei uns einige verschiedene Erziehungsformen. Alle möglichen Varianten zwischen Autorität und Antiautorität sind denkbar.

Das Problem bei der Erziehung des Menschen liegt vor allem darin begründet, dass sie so viel Raum für Missverständnisse und Kollisionen bietet. Soll heißen, dass nicht selten der Charaktertyp des Kindes nicht zur von den Eltern gewählten Erziehungsmethode passt.
Es gibt Kinder, die brauchen unbedingt eine führende Hand, um sich daran orientieren zu können. Die brauchen klare Vorgaben und Regeln, um sich strukturieren zu können. Da wäre ein antiautoritärer Erziehungsstil eher fatal. Dann gibt es auf der anderen Seite aber auch Kinder, die sich von Natur aus gut einfügen und strukturieren können, bei denen ein besonders autoritärer Erziehungsstil erstens unnötig wäre und zweitens sogar schädlich sein kann, nur um mal auf die beiden Extreme beispielhaft einzugehen.

Da man aber bei der Geburt noch gar nicht wissen kann, welcher Charaktertyp das Kind ist, wie es sich dahingehend weiterentwickeln wird, macht es eigentlich keinen Sinn, sich schon von Anfang an einen Erziehungsstil auszusuchen und parat zu legen. Viel eher sollte man seinen Erziehungsstil an den Charaktertypen des Kindes anpassen und dahingehend flexibel bleiben. Ein Säugling braucht noch keine Erziehung in dem Sinne, das kommt erst im Kleinkindalter, und da zeichnen sich auch schon die ersten Hinweise auf den Charaktertypen ab.

Vor allem bei hochsensiblen Kindern ist es unglaublich wichtig, die richtige Kombination aus Autorität und Antiautorität zu finden. Eine, die dem Kind und seinen Bedürfnissen gerecht wird. Nur wenn das wirklich passt, kann sich ein Kind bestmöglich entwickeln, um später gefestigt auf eigenen Beinen stehen zu können. Bei hochsensiblen Kindern ist das nochmal besonders wichtig, da sie die Dinge emotional bzw. seelisch oft schwerer nehmen als andere. Zumal sie Ungerechtigkeiten und Unverständnis besonders deutlich wahrnehmen. Auch nehmen sie besonders gut wahr, wenn die Erziehungsmethoden der Eltern nicht zu ihnen passen. Das birgt immer die Gefahr, dass sie sich ständig un- oder missverstanden und/oder ungerecht behandelt fühlen.
Und das stellt an sich schon eine Art Kindheitstrauma dar, zumal die Bindung zwischen Kind und Eltern enorm darunter leidet.

Hochsensible Menschen sind häufig besonders harmoniebedürftig und können Disharmonie wie z. B. (unausgesprochene) Konflikte nur schwer ertragen. Sie überfordert sie. Aber genau eine solche Disharmonie überschattet das Leben eines Kindes und späteren Erwachsenen, das/der sich andauernd nicht oder missverstanden fühlt. Das/Der immer das Gefühl hat, dass nicht einmal seine Eltern Verständnis für es/ihn haben. Die Botschaft ist dann mehr oder weniger "Du bist anders", was beim Kind, vor allem beim hochsensiblen, schnell zu "Ich bin nicht richtig so, wie ich bin" führen kann.

Ein eher extrovertiertes hochsensibles Kind braucht in der Regel eher eine führende, aber keinesfalls harte, Hand. Eine liebevoll führende Hand, die ihm den Weg weist. Die es wieder erden und auf den richtigen Weg führen kann, wenn es ausrastet.

Ein eher introvertiertes hochsensibles Kind braucht in der Regel eher eine weiche Hand, die es auffängt und einfach auch mal machen lässt. Es, wenn nötig, sanft in die richtige Bahn geleitet. Und ihm auf diese Weise den Weg weist. Um es salopp auszudrücken: Solche Kinder laufen meist von selbst in der Spur. Man muss sie nur ein wenig leiten und begleiten.

Die wichtigste Zutat bei beiden Beispielen ist viel Verständnis. Indem Sie sich dieses Buch hier zugelegt haben, sind Sie bereits dabei. Sie wollen Ihr Kind besser verstehen lernen und das ist gut so.

Die kindlichen Charaktertypen und der Umgang mit ihnen

Da die Hochsensibilität aber nur eine Eigenschaft von vielen ist und den Charakter eines Menschen keineswegs komplett beschreibt, möchte ich Ihnen hier einmal kurz die verschiedenen Charaktertypen, denen ein Kind angehören kann, vorstellen. Auch diese spielen eine große Rolle beim Umgang mit hochsensiblen Kindern.

Zu beachten ist hier natürlich, dass sich ein Kind oder Mensch nie komplett in genau eine Kategorie einordnen lässt. Natürlich geht es auch hier um Tendenzen/Neigungen und Misch typen sind eher Regel als Ausnahme.

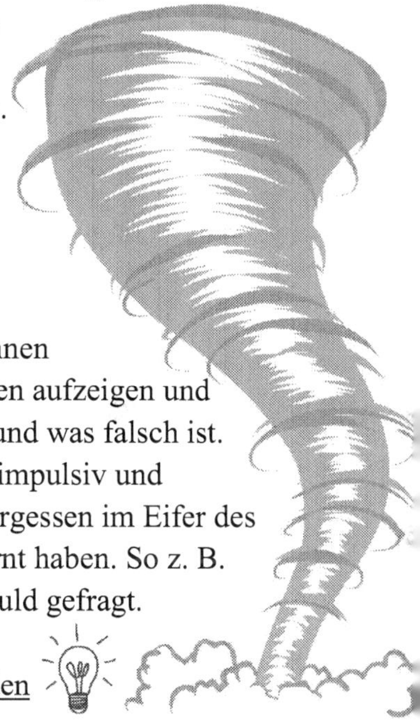

Der Wirbelwind

Diese Kinder brauchen Eltern, die ihnen möglichst ruhig und gelassen Grenzen aufzeigen und immer wieder erklären, was richtig und was falsch ist. Wirbelwinde sind in der Regel sehr impulsiv und handeln oft bevor sie denken. Sie vergessen im Eifer des Gefechts häufig, was sie schon gelernt haben. So z. B. wie man sich benimmt. Hier ist Geduld gefragt.

<u>Tipps zum Umgang mit Wirbelwinden</u>

- Warten Sie bei schwierigem Verhalten nicht, bis Ihnen die Hutschnur reißt, sondern beginnen Sie schon frühestmöglich damit, ruhig aber klar und deutlich zu kommunizieren, was Sie stört. Erklären Sie dem Kind, warum Sie das stört, sodass es Verständnis für Sie aufbringen kann.
- Stellen Sie vor jedem Gespräch sicher, dass Ihnen das Kind auch wirklich zuhört, denn durch ihre Fahrigkeit geht vieles an ihnen einfach vorbei. Bekommen auch oft selbst nicht mit, wenn sie über

die Stränge schlagen. Auch deshalb sind Wutausbrüche oder plötzliche besondere Härte eher ein Schock für sie und daher kontraproduktiv. Sie wissen dann nicht, was sie falsch gemacht haben und können mit der Reaktion ihrer Eltern erstmal nichts Konstruktives anfangen.

- Achten Sie bei Ermahnungen und Reaktionen auf schwieriges Verhalten auf Ihren Ton, er sollte dann wohlwollend aber dennoch klar und konsequent sein. Ebenso Ihr Handeln.
- Trainieren Sie in ruhigen und nicht emotional aufgeladenen Momenten Alternativen zu Wutanfällen, wie z. B. das Verprügeln eines Kissens oder das Schreien in ein Kissen.
- Um den bei Wirbelwinden relativ hohen Bewegungsdrang zu befriedigen, sollten Sie regelmäßig, am besten gemeinsam, sportliche Aktivitäten unternehmen und/oder dafür sorgen, dass das Kind anderweitig entsprechend ausgelastet ist. Auch Spieleabende können hier z. B. ergänzt werden.
- Wirbelwinde sind neugierig und diese Neugier sollte befriedigt sein. Wenn er also viele Fragen stellt, dann versuchen Sie, sie alle zeitnah und ehrlich zu beantworten. Dabei sollten Sie darauf achten, dass das Kind nicht andauernd dazwischenredet, denn das passiert bei Impulsivität häufig. Bitten Sie darum und setzen Sic durch, dass Sie erst ausreden dürfen. Das gilt auch für die Situation, in der Sie sich mit jemandem anderen unterhalten.

- Fördern Sie die fürsorgliche Ader des Kindes. Erlauben Sie ihm ein Haustier und lassen Sie das Kind so viel Verantwortung wie möglich übernehmen. Oder lassen Sie sich von ihm beim Aufpassen der jüngeren Geschwister unterstützen.

Das Seelchen

Seelchen sind sehr unsicher und brauchen viel behutsame Unterstützung. Sie trauen sich vieles nicht und haben häufig viele Ängste. Die Eltern müssen in diesem Falle den Balanceakt zwischen Halten und Loslassen bewältigen, denn auch Seelchen müssen selbstständig werden.

Tipps zum Umgang mit Seelchen

- Diese Kinder brauchen sehr viel ehrliches Lob und ernst gemeinte Anerkennung, um ihr Selbstbewusstsein zu stärken.
- Seelchen haben oft Trennungsängste, was sich häufig im Kleinkindalter bezüglich der Abgabe im Kindergarten durch Weinen und Klammern äußert. Schon da sollten Sie auch sich selbst reflektieren

und eventuelle Trennungsängste bei sich selbst bearbeiten, um es dem Kind und Ihnen leichter zu machen. Seelchen spüren es nämlich und reagieren darauf, wenn die Eltern selbst solche Ängste haben.

- Beginnen Sie so früh wie nur irgend möglich damit, Kontakte zu anderen Kindern zu fördern. Da Seelchen oft eine mütterliche Art an sich haben, eignen sich hier zumindest für den Anfang eher kleinere Kinder, um die sie sich kümmern können. Und die sich vor allem auch noch etwas von älteren Kindern sagen lassen. Gleichaltrige und Ältere nehmen Seelchen oft nicht so ernst, und dem muss vorgebeugt werden. Zur Übung reicht das erst einmal, um später auch mit Gleichaltrigen besser klar zu kommen.
- Beziehen Sie das Kind im Haushalt mit ein. Es stärkt sein Selbstbewusstsein, wenn es eine gewisse Verantwortung übernehmen darf. Wenn es etwas tun kann, was es stolz macht.
- Häufig sind Seelchen kreativ veranlagt, was unbedingt gefördert werden sollte. Animieren Sie es dazu, seine Gefühle über die Kreativität auszudrücken.
- Sprechen Sie viel miteinander und machen Sie dem Kind klar, dass es Gefühle zeigen darf. Dass es auch mal wütend sein darf und das nicht verstecken oder unterdrücken muss. Gefühle sind erlaubt.

Der Anführer

Anführerkinder streben ständig nach Dominanz, haben häufig aber einfach nur Angst, ausgegrenzt zu werden. Für die Eltern ist die Erziehung ein Balanceakt zwischen Stütze und in die Schranken weisen. Kinder dieses Charaktertyps werden schnell trotzig, wenn sie unzufrieden sind.

<u>Tipps zum Umgang mit Anführern</u>

- Konsequenz ist bei diesen Kindern äußerst wichtig. Sie brauchen sichere Grenzen, an denen sie sich orientieren können. Reden Sie viel und auf Augenhöhe mit dem Anführerkind, erklären Sie dabei, warum es sich an bestimmte Regeln halten muss und achten Sie darauf, dass sie auch wirklich eingehalten werden. Geben Sie allgemein nicht zu viel nach und bleiben Sie standhaft.
- Begründen Sie, warum es wichtig ist, die Meinungen, Bedürfnisse und Wünsche anderer genauso zu akzeptieren und berücksichtigen, wie seine eigenen.
- Üben Sie im alltäglichen Rahmen ein, Kompromisse zu finden. Das fällt Anführerkindern von Natur aus schwer, ist aber unumgänglich zu lernen, um später im Leben zurechtzukommen. Es gibt im Familienalltag genügend Gelegenheiten, dies zu

üben. Beispielsweise beim Zubettgehen. Ihr Kind will noch nicht ins Bett und die Situation droht, zu eskalieren. Intervenieren Sie, indem Sie ruhig mit ihm besprechen, wie ein Kompromiss aussehen könnte. Ihm muss dabei klar sein, dass ein Kompromiss für beide Seiten akzeptabel sein muss. So können Sie z. B. ausmachen, dass noch diese eine Folge einer Serie geschaut werden darf (bei Kinderserien häufig etwa eine halbe Stunde, nicht viel also) und dann aber ohne Diskussion ins Bett gegangen wird.

- Anders als beim Seelchen tut es dem Anführer gut, erst einmal Kontakt zu älteren Kindern zu haben. Denn hier muss er sich zwangsläufig auch ein Stück weit unterordnen. Es lernt so, sich fair zu verhalten und zu akzeptieren, dass der Hase nicht immer so läuft, wie es das will. Auch die aktive Mitgliedschaft in einem Mannschaftssportverein hat einen solchen Effekt.
- Hinter der Fassade steckt meist ein eher sozial veranlagtes Kind, das eigentlich gerne helfen würde. Deshalb macht es Sinn, ihm feste und vor allem wichtige Aufgaben im Haushalt oder Familienleben zu überlassen. Auch in akuten Situationen wie sich in den Vordergrund drängen, was bei Anführerkindern häufig passiert, kann es sinnvoll sein, ihm spontan solche Aufgaben zu geben. Machen Sie ihm dabei deutlich, wie wichtig Ihnen diese Aufgabe ist und wie sehr Sie das Kind gerade brauchen.

Der Vermittler

Vermittlerkinder haben in der Regel einen besonders ausgeprägten Gerechtigkeitssinn, der oft schon krankhafte Züge annimmt. Krankhaft in dem Sinne, dass sie sich dadurch selbst schnell vergessen und übermäßig anpassen. Dabei laufen sie auf Dauer Gefahr, sich selbst zu verlieren. Vermittlerkindern fällt es schwer, für sich selbst einzustehen und sich ihre eigene Meinung zu bilden. Sich auch mal durchzusetzen. Ihnen ist in der Regel die Harmonie sehr wichtig und sie können Streit nur schwer ertragen. Deshalb versuchen sie stets, drohende Konflikte abzuwenden oder bestehende zu beenden. Sie sind also stets darum bemüht, ihr Umfeld Konfliktfrei zu halten.

Tipps zum Umgang mit Vermittlern

- Vermittlerkinder sind im Grunde sehr sozial veranlagt, und das sollte unbedingt gefördert werden. Vermitteln Sie ihm aber gleichzeitig unbedingt, dass es sich nicht alles gefallen lassen muss und dass es wichtig ist, auch mal für sich selbst und seine Ansichten einzustehen. Dass es nicht seine Aufgabe ist, immer nachzugeben und den neutralen Streitschlichter zu spielen. Dafür sollte unbedingt sein Selbstbewusstsein gestärkt werden.
- Vermitteln Sie dem Kind, dass es ruhig auch mal ein bisschen aufmüpfig sein darf, dass es auch mal wütend oder schlecht gelaunt sein darf. Dass es

sein gutes Recht ist, einfach auch mal stur zu bleiben.

- Ermitteln Sie, welche Situationen dem Kind schwerfallen und überlegen Sie sich gemeinsam Lösungsmöglichkeiten. Üben Sie dann z. B. entsprechende Situationen im Rollenspiel. Reflektieren Sie nach solchen Situationen im Alltag, wie die Umsetzung in die Praxis funktioniert hat.
- Vermittlerkinder laufen stets Gefahr, von anderen ausgenutzt zu werden, da sie meist auch noch sehr gutmütig sind. Dem sollten Sie unbedingt vorbeugen, indem Sie mit ihm üben, NEIN zu sagen. Auch das kann z. B. über Rollenspiele erfolgen. Oder sie richten regelmäßig "NEIN-Tage" ein, an denen das Kind den Freifahrtschein fürs Nein-sagen hat. Alles, was es nicht wirklich von Herzen möchte, soll es an diesem Tag bestimmt ablehnen. Natürlich müssen auch ein paar Ausnahmen an diesem Tag akzeptiert werden, weshalb es sich hier anbietet, gleichzeitig Kompromisse auszuhandeln. Auch hier sollten Reflexionen erfolgen, wie die Umsetzung im Alltag geklappt hat.
- Auch wenn der Charakter des Vermittlerkindes dazu einlädt, es überzubehüten, sollten Sie genau das unterlassen. Auch das Vermittlerkind muss selbstständig werden, um später in dieser Gesellschaft zurechtzukommen. Da führt kein Weg dran vorbei. Vermeiden Sie es deshalb, ihm alle Steine aus dem Weg zu räumen und es in Watte zu packen. Es soll Schwierigkeiten so gut es geht selbst

überwinden. Natürlich mit Ihrem Rückhalt und Ihrer Unterstützung. Das stärkt das Selbstbewusstsein und somit die Fähigkeit, selbstständiger zu werden.

- Für diesen Charaktertyp eignen sich, anders als beim Anführer, Einzelsportarten wie beispielsweise Reiten oder Karate. Hier können die Kinder sich selbst erleben und spüren, wie sie allein etwas bewirken können. Das stärkt das Ich-Gefühl und bringt es sich selbst näher.

Der Star

Starkinder neigen dazu, sich über andere zu erheben und sich als etwas Besseres zu empfinden. Auch tendieren sie oft zum Ärgern anderer. Beurteilen andere häufig nach dem Äußeren. Sie haben Schwierigkeiten in der sozialen Kompetenz und leiden gleichzeitig unter einem gewissen Wettbewerbsdruck. Sie verspüren das Bedürfnis, immer die Besten sein zu wollen oder zu müssen.

<u>Tipps zum Umgang mit Stars</u>

- Starkinder brauchen unbedingt Eltern, die sie mit gelassener Zuwendung in der richtigen Bahn halten. Achten Sie in akuten Situationen unbedingt darauf, dass das Kind versteht, dass gewisse Dinge nicht in Ordnung sind. Wenn Sie etwa mitbekommen, wie es sich über andere lustig macht, dann gehen Sie auf Augenhöhe und schauen ihm mit strengem Blick ins Gesicht. Sagen Sie mit deutlicher und ernster, aber dennoch ruhiger, Stimme, dass Sie etwas von ihm nicht mehr zu hören bekommen wollen. Sprechen Sie das Thema dann zeitnah und in einer neutralen Situation nochmal an, um ihm die Hintergründe Ihrer Reaktion zu erläutern. Es muss verstehen, warum es nicht in Ordnung ist, sich über andere lustig zu machen.

- Trainieren Sie mit ihm, sich in andere hineinzufühlen und stellen Sie ihm dabei die Frage, wie es sich selbst dabei fühlen würde.
- Vermitteln Sie diesem Kind schon früh, dass es Wichtigeres gibt, als immer nur der/die Beste zu sein. Dass jeder Mensch zurecht Stärken und Schwächen hat. Das unterstützt das Kind dabei, besser mit Kritik umzugehen und nimmt Druck. Es soll verstehen, dass es sich selbst damit nur schadet, immer der/die Beste sein zu wollen. Dass er/sie das gar nicht sein muss.
- Starkinder streben ständig nach dem Besonderen und verlieren dabei den Blick für die kleinen Dinge. Aber genau diese kleinen Dinge vermögen es, sie wieder zu erden. Schulen Sie deshalb ihren Blick dafür. Nehmen Sie diese kleinen Dinge und machen Sie sie gemeinsam groß. Das kann z. B. so aussehen: Machen Sie einen kleinen Ausflug in

den Wald und sammeln Sie essbare Pilze (studieren Sie vorher gemeinsam, welche wirklich essbar und lecker sind). Lassen Sie das Kind ein leckeres Rezept heraussuchen und kochen Sie es gemeinsam. Lassen Sie es so viel wie möglich selbst machen und kochen Sie für die ganze Familie. Dabei ist das Star - Kind diesmal der Star im positiven Sinne.

- Dieser Charaktertyp braucht die Anerkennung anderer, um sich selbst gut zu fühlen. Es scheint, als nährten diese Kinder nur darüber ihr Selbstbewusstsein. Doch das ist in aller Regel nur ein Pseudoselbstbewusstsein. Richtiges Selbstbewusstsein baut man dadurch nicht auf. Stärken Sie also dieses richtige Selbstbewusstsein, indem Sie ihm feste Aufgaben zuteilen. Das bringt Erfolgserlebnisse und ehrliches Lob, und das ist die wahre Nahrung des Selbstbewusstseins.

Egal welchen Charaktertypen Ihr Kind ähnelt, grundsätzlich kann jedes Kind hochsensibel sein, unabhängig von seinen anderen Eigenschaften. Seelchen und Vermittler ließen sich hierbei in “eher introvertiert” einordnen. Wirbelwind, Anführer und Star in “eher extrovertiert”. Bestimmte Charaktertypen gehen allerdings häufiger mit Hochsensibilität einher als andere.

Warum Hochsensibilität oft zu Leid führt

Wie bereits angesprochen liegt es nicht an der Hochsensibilität selbst, dass ihre Anwesenheit häufig zu leidvollen Lebensgeschichten führt. Viel eher liegt es an ihrem Aufeinandertreffen mit der Lebenswirklichkeit. Und zwar genau dann, wenn sie nicht erkannt und/oder ernstgenommen wird. Dieses Leid bestimmt am Ende das Leben des Erwachsenen, weil sein inneres Kind es noch immer in sich trägt.

Hochsensible haben besondere Bedürfnisse, die befriedigt werden müssen. Wird eine Hochsensibilität nicht erkannt, ist das nicht der Fall. Somit kollidiert sie andauernd mit dem Leben und seinen Gegebenheiten. Mit dem Verhalten der Mitmenschen, auch der Familie, der Freunde, der Lehrer, etc… Man könnte sagen, das Kind passt nicht in diese Welt, weil diese Welt nicht zu ihm passt. Es ist nichts auf seine speziellen Bedürfnisse zugeschnitten. Und so wird aus dem Kind ein Erwachsener mit vielen alten Wunden und offenen Fragen auf dem Herzen. Aus einem Kind, das sich nicht verstanden fühlt, wird ein Erwachsener, der sich nicht verstanden fühlt und selbst nicht versteht.

An und für sich ist die Hochsensibilität eigentlich ein Segen. Etwas Positives, eine Gabe. Wenn man weiß, wie man mit ihr Umgeht und was sie für Potentiale hat. Ist das nicht der Fall, wird sie nur als Fluch empfunden und ihre Qualitäten nicht erkannt.

Andersrum hingegen kann eine wunderschöne Blume entwachsen und das Leben des Kindes und späteren Erwachsenen bereichern. Wenn Eltern wissen, wie sie mit ihrem hochsensiblen Kind richtig umzugehen haben, können auch die Kinder lernen, mit sich selbst und dem Leben umzugehen.

Wie hochsensible Kinder kommunizieren

An sich ist die Kommunikation schon eine sehr komplexe Sache, auch weil sie so viel Raum für Missverständnisse bietet. Bevor wir zur Kommunikation mit Hochsensibilität kommen, möchte ich hier einmal kurz das sogenannte Vier-Ohren-Modell des Kommunikationswissenschaftlers Friedemann Schulz von Thun vorstellen. Dieses verdeutlicht die Grundlagen der Kommunikation und wie sie genau funktioniert.

Bei der zwischenmenschlichen Kommunikation gibt es demnach 4 Ebenen, von/auf denen Botschaften gesendet und empfangen werden. Diese Ebenen werden im Modell als Ohren dargestellt.

Bekommen Sie beispielsweise zu hören: “Boah, das war anstrengend. Jetzt ein kaltes Getränk …!” (im Kontext: Ein/e Freund/in hilft Ihnen beim Umzug) können Sie diese Aussage auf 4 verschiedenen Ebenen empfangen und interpretieren.

Beispiel im Erziehungskontext:

Luisa am Mittagstisch: “Nadjas Eltern waren mit ihr gestern im Zoo!”

Die Appellebene

Empfangen Sie die Aussage mit dem kalten Getränk auf der Appellebene, dann interpretieren Sie sie als Aufforderung. Sie fühlen sich dann verantwortlich dafür, dass dieser Mensch ein kaltes Getränk bekommt.

Luisas Aussage wird Sie vielleicht dazu bringen, ebenfalls über einen Zoobesuch nachzudenken. Immerhin haben Sie es so verstanden, als wolle Luisa von Ihnen, dass Sie auch mit ihr in den Zoo gehen.

Die Beziehungsebene

In diesem Falle würden Sie die Aussage mit dem kalten Getränk eher als Vorwurf interpretieren, dass Sie vielleicht noch nicht selbst darauf gekommen sind, ihm oder ihr ein Erfrischungsgetränk zu bringen. Würde Ihr Fokus eher auf “das war anstrengend” liegen, könnten Sie sich vielleicht Sorgen machen, dass diese Erschöpfung Ihre Schuld sei, weil Sie doch ihre/seine Hilfe in Anspruch nehmen. Jedoch ist auf der Beziehungscbene generell auch eine positive Interpretation möglich.

Luisa könnte Ihnen z. B. in Ihrer Wahrnehmung vorhalten, zu wenig mit ihr zu unternehmen.

Die Ebene der Selbstoffenbarung

Hier gibt die Person, die die Aussage trifft, etwas von sich selbst Preis. Beispielsweise könnte die Aussage während des Umzugs in Ihrer Wahrnehmung bedeuten, dass der/die Freund/in heute nicht so fit ist (wenn Sie beispielsweise noch nicht so viel gemacht haben, um so fertig zu sein).

Luisas Selbstoffenbarung könnte darin liegen, dass sie Tiere mag oder Tiere sie interessieren.

Die Sachebene

Auf dieser Ebene wird gar nichts interpretiert. Die Aussage wird wortwörtlich einfach als Tatsache hingenommen. Der/Die Freund/in ist angestrengt und fände jetzt eine Erfrischung ganz gut. Luisa teilt gerade einfach nur mit, was ihre Freundin Nadja ihr erzählt hat.

Generell kann das Modell auf jede Aussage oder Frage angewandt werden. Diese Worte können direkt sein, aber auch versteckte Botschaften enthalten oder einfach nur angedeutet werden. Was das Gegenüber dann daraus macht, ist höchst individuell und kommt unter anderem auf den Kontext, die Tagesform/Verfassung und das Verhältnis zum Kommunikationspartner an.

Die Tatsache, dass es so viele verschiedene Interpretations- und Formulierungsmöglichkeiten gibt, macht die zwischenmenschliche Kommunikation so kompliziert, zumal ja noch Mimik und Gestik bzw. die nonverbale Kommunikation hinzukommen.

Die Hochsensibilität setzt quasi noch einen drauf und macht das Ganze noch schwieriger. Hochsensible (Kinder) neigen dazu, vor allem auf der Beziehungsebene und viel auch auf der Appellebene zu empfangen. Gerade weil ihre Welt gefühlsbetont ist, liegen diese beiden Ebenen in Sachen Empfang am nächsten. Senden tun sie eher selten von der Appellebene, dafür aber umso mehr auf Beziehungs- und Selbstoffenbarungsebene. Die Sachebene kommt hier ebenfalls eher weniger zum Einsatz, weil sie dafür viel zu rational ist.

Hinzu kommt, dass hochsensible Menschen viel zwischen den Zeilen lesen und sehr auf den nonverbalen Part (Mimik und Gestik) der Kommunikation achten. Auch achten sie besonders auf Details, den Ton, die genaue Wortwahl, etc... Jede Kleinigkeit wird registriert und sogleich emotional interpretiert. Unabhängig davon, ob sie mit ihren Interpretationen richtig liegen oder nicht. Sowieso besteht bei Hochsensiblen immer die Gefahr, dass sie die Dinge überinterpretieren und sich so eventuell in etwas hineinsteigern, was gar nicht so ist. Vor allem auf der Beziehungsebene ist das schwierig. Schnell werden vermeintliche Anzeichen dafür entdeckt, dass der andere einen nicht mehr mag oder ihm an etwas die Schuld gibt. Leider neigen Hochsensible auch hier zu negativen Interpretationen, auch aufgrund dessen, dass sie oft eher selbstkritisch veranlagt sind.

Aus diesem Grunde ist es wichtig, die Kommunikation im Zusammenhang mit Hochsensibilität, im Kontext der Erziehung, eingehend zu behandeln. Sie stellt einen sehr großen Teil der Erziehung sowie Beziehung zwischen Eltern und Kind dar. Aber hierzu später mehr.

Abgrenzung und Kommunikation

Das Thema der Abgrenzung habe ich bereits angeschnitten und möchte hier im Zusammenhang mit der Kommunikation noch näher darauf eingehen.

Hier geht es mir um die emotionale Abgrenzung. Die ist für hochsensible Kinder, und auch für Erwachsene, ein Problem. Das liegt zum einen an der defekten Reizfilterung, zum anderen an der hohen Emotionalität, die die Hochsensibilität so mit sich bringt.

Die Reizfilter stellen natürlich auch eine Art Barriere für Einflüsse, und so auch für emotionale Einflüsse wie beispielsweise von anderen Menschen übertragen, dar. Funktioniert diese Barriere aber nicht richtig, ist sie durchlässig und stellt somit auch keine optimale Abgrenzung mehr dar.

Die Tatsache, dass hochsensible Kinder in der Regel ein sehr von Emotionen dominiertes Innenleben besitzen, macht das Ganze umso schwieriger.

Emotionen können wir nämlich nicht so leicht von uns wegschieben wie Daten und Fakten bzw. rationale Gedanken. Strömen nun ganz viele emotionale Reize unzureichend gefiltert auf das Kind ein, dringen im Grunde in es ein, stellt das ein Ding der Unmöglichkeit dar.

So kommt es auch, dass Botschaften vorzugsweise auf der Beziehungsebene empfangen werden. Diese besteht aus Emotionen und Emotionen sind quasi ihre Währung. Kommunizieren Sie also mit einem hochsensiblen Kind, dann können Sie sich sicher sein, dass es sich die Dinge sehr zu Herzen nehmen wird. Dass es sich auch Dinge zu Herzen nehmen wird, die Sie so gar nicht gesagt haben. Auch, weil es sich nicht gut von Dingen, Menschen und vor allem nahestehenden Menschen abgrenzen kann. Die Themen Abgrenzung und Kommunikation bedingen und behindern sich hier quasi gegenseitig.

Auch zur Abgrenzung später mehr.

7 typische Alltagsbeispiele bei/mit hochsensiblen Kindern

1. In **Lukas**' Kindergarten ist seit Neuestem eine neue Erzieherin, die sich mit den Kindern alle Mühe gibt. Seit 2 Wochen ist sie da und die Kinder scharen sich mittlerweile um sie. Nur Lukas nicht. Er bleibt noch immer etwas abseits und beäugt die Neue skeptisch. Erst in etwa einer Woche wird er sie langsam an sich heranlassen.

Hochsensible Kinder sind oft sehr vorsichtig mit neuen Bekanntschaften. Sie brauchen länger, um sich wirklich auf jemanden einlassen zu können, weil sie sich erst einmal gründlich vergewissern müssen, ob der Person wirklich zu trauen ist. Die Kennenlernzeit zieht sich somit in die Länge, weil die Person richtiggehend geprüft wird. Wenn das Eis dann aber gebrochen ist und dieser Mensch als vertrauenswürdig und nett eingestuft wurde, ist die Beziehung oft verhältnismäßig eng. So wie es am Anfang niemand gedacht hätte. Entwickelt sich eine solch neue Erzieherin sogar zur Lieblingserzieherin, kann es sein, dass das hochsensible Kind beginnt, sich an sie zu klammern. Das kann zu einem Problem werden, wenn jene mal krank sein sollte.

Sowieso ist es für hochsensible Kinder schwierig, sich irgendwo einzugewöhnen, weshalb hier von den Erwachsenen viel Geduld gefragt ist.

Ganz wichtig ist hier, diesen Prozess zuzulassen, dem Kind diese Eigenart nachzusehen und nur darauf zu achten, dass es nicht darunter leidet. Bei solchen oder ähnlichen Situationen hilft es, in engem Kontakt mit den anderen beteiligten Erwachsenen zu stehen und sich auszutauschen.

2. **Marina** ist 5 Jahre alt und hat so ihre Eigenarten. Besonders auffällig: Immer wenn ihre Mutter morgens ins Zimmer kommt und die Vorhänge aufreißt, beschwert sich Marina, dass ihre Augen wehtun. Dann hält sie sich die Augen zu und schreit. Außerdem fällt ihrer Mutter auf, dass sie sich bei jedem etwas lauteren oder ungewöhnlichen Geräusch die Ohren zuhält. Sie ist besonders schreckhaft und würde sich beispielsweise an Silvester am liebsten mit dem Hund unter der Eckbank verstecken. Hinzu kommt, dass sie panische Angst vor Luftballons hat. Immer wenn ein aufgeblasener Luftballon in der Nähe ist, wird Marina nervös und drängt darauf, diesen Ort zu verlassen. Passiert das nicht, fängt sie an zu weinen und hält sich wieder einmal die Ohren zu.

Was die Mutter Anfangs als Marotten abtat, ist für die Kleine ein ernstzunehmendes Problem. Ihre Mutter hatte ja keine Ahnung, dass ihre Tochter besonders empfindliche Augen und Ohren hat. Dass sie die Raketen an Silvester so viel lauter hört als andere und richtige Panik vor dem eventuellen Platzen eines Ballons hat. Was anderen Kindern große Freude bereitet, bedeutet für sie vor allem Leid.

Ängste mit vermeidbaren Auslösern, wo die Vermeidung nicht das Leben beeinträchtigt, können einfach umgangen werden, indem man solche Situationen erst gar nicht entstehen lässt. Allerdings wird Marinas Mutter nichts daran ändern können, dass es einmal im Jahr kracht und die Böller fliegen, jedoch kann dem Ganzen mit Hilfsmitteln Abhilfe leisten, um dem Kind das alles so angenehm wie nur irgend möglich zu machen.

Auch kann es sein, dass hochsensible Kinder, deren Gehör besonders empfindlich ist, durch starke Geräuschkulisse wie z. B. im Kindergarten eine Reizüberflutung erleiden.

3. **Anna** geht in eine erste Klasse mit 30 Schülern. Vor ein paar Wochen wurde sie erst eingeschult und möchte seit einigen Tagen partout nicht mehr zur Schule gehen, obwohl sie sich vor der Einschulung sehr darauf gefreut hat. Jeden Abend klagt sie über Bauchschmerzen und für ihre Eltern ist es seit einigen Tagen jeden Morgen ein Kampf, sie in die Schule zu bekommen. Wenn sie dann mittags wiederkommt, ist sie unleidlich und möchte nur noch alleine sein.

Hochsensible Kinder mögen oft keine größeren Gruppen und fühlen sich nur in kleineren Klassen und Kindergruppen einigermaßen wohl. Vielen wären Gruppen von höchstens 5 wohl am liebsten.
Ist ja klar, große Gruppen bedeuten auch viele Eindrücke auf einmal.

Annas Problem ist nicht unbedingt die Geräuschkulisse. Bei ihr sind es eher die vielen möglichen Konflikte und Schwingungen. Je mehr Menschen sich um sie herum befinden, desto mehr verschiedene Stimmungen muss sie verarbeiten. Obwohl es ihr eigentlich nicht so nah gehen sollte, kann sie sich nur schwer von anderen Menschen abgrenzen. Vermutlich auch, weil ihr die nötigen Filter als Art Grenze oder Barriere fehlen. Sie spürt genau, wie es wem genau geht und kann diese Eindrücke nicht einfach von sich wegschieben. Sie hat dann immer gleich das Gefühl, es sei ihre Angelegenheit, wodurch die Probleme anderer schnell zu ihren Problemen werden.
Und je mehr Menschen sie umgeben, desto komplizierter wird das Ganze. Das ist es vor allem, was sie anstrengt, und das ist nur schwer auszuhalten.

In einem solchen Fall wäre es ratsam, sich mit der Schule in Verbindung zu setzen und zu schauen, ob es nicht auch kleinere Klassenverbände gibt. Falls nicht, gäbe es da auch spezielle Schulformen, die so etwas anbieten.

4. **Niko** mag die Grundschule und seine Klasse und will da eigentlich gar nicht weg. Aber er steht kurz vor dem Übertritt in die weiterführende Schule und wird wohl nicht darum herumkommen, sich woanders eingewöhnen zu müssen. Diese große Veränderung macht ihm Angst und lässt ihn schier verzweifeln. Deshalb ist er in letzter Zeit nicht gut drauf und hat auf nichts mehr so richtig Lust. Offensichtlich belastet ihn etwas. Das entgeht auch seinen Eltern nicht.

Hochsensible Kinder haben häufig auch Probleme mit Veränderungen, weil die Trennung vom Alten und die Eingewöhnung in das Neue für sie einen enormen Kraftakt darstellen. Vor allem so große Veränderungen wie beispielsweise der Übertritt von der Grund- in die weiterführende Schule, wie es bei Niko der Fall ist, sind oft ein Problem. Zwar dauert es bei Niko bis dahin noch etwa ein halbes Jahr, dennoch beschäftigt ihn das Thema schon eine Weile sehr. Schon seit Monaten macht er sich Gedanken darüber, wie das wohl sein wird und was Schlimmes passieren könnte. Alles in ihm sträubt sich gegen diese Gedanken, und trotzdem kommen sie immer wieder.

In diesem Beispiel findet sich somit ein weiteres typisches Merkmal hochsensibler Kinder. Sie machen sich oft über alles viel mehr und viel intensivere Gedanken, als andere Kinder. Sie können mit den Dingen oft nicht so einfach abschließen, wodurch sie mit einem Thema auch mal Wochen oder Monate in Gedanken zubringen können. Dabei drehen und wenden sie das Thema, betrachten es von allen Seiten und kommen zu keinem Schluss. So machen Sie zuweilen Dinge zu Problemen, die eigentlich keine sind. Denn es entstehen immer mehr Sorgen.

Hier kann es helfen, viel mit dem Kind über seine Gedanken und Sorgen zu sprechen. Zu analysieren und Lösungsansätze zu besprechen. Auch so kann es die Dinge vielleicht besser und schneller verarbeiten.
Auch in Bezug auf die Veränderung selbst können altersgerechte Gespräche Wunder bewirken. Das Kind spürt dann, dass es dabei nicht allein sein und Rückhalt haben wird.

5. Die 9 - jährige **Josie** ist enttäuscht und wütend. Gerade haben ihr ihre Eltern eröffnet, dass sie heute gemeinsam einen spontanen Ausflug ins Freibad unternehmen werden. Es ist ein schöner sonniger Tag und eigentlich sollte Josie sich darüber freuen, mit ihren Eltern ins Freibad gehen zu dürfen. Sogar eine Freundin darf sie mitnehmen. Aber das will sie nicht. Nicht jetzt, nicht heute und nicht so. Warum will das keiner verstehen?

Was ihre Eltern anscheinend noch nicht verstanden haben ist, dass Josie ein großes Problem mit der Spontanität hat. Sie kann nicht einfach von jetzt auf gleich ihre Pläne für den Tag umwerfen, ohne dabei in einen inneren Konflikt zu geraten. Das raubt ihr viel zu viel Kraft. Sie muss sich doch mental vorbereiten können. Natürlich macht Freibad ihr Spaß, und natürlich möchte sie da gerne mit ihrer Freundin spielen. Keine Frage. Aber das muss abgesprochen sein. Zumal Freibad wieder viele Eindrücke und eventuelle Reizüberflutung bedeutet.

Wie viele hochsensible Kinder ist auch Josie ein Mensch, der genügend Zeit braucht, um sich mental auf die Dinge vorzubereiten. Vor allem größere Ereignisse, die nicht vorgeplant wurden, bringen sie völlig aus dem Konzept. Diese Vorlaufzeit nutzen Betroffene quasi, um genügend Kräfte für das Vorhaben zu sammeln. Für sie bedeutet es auch innere Sicherheit, zu wissen, was sie erwartet.

Ganz wichtig ist hierbei, dass die Eltern das einerseits berücksichtigen und größere Dinge wie Ausflüge ein paar Tage bis eine Woche vorher absprechen, andererseits aber auch das Kind auf die Tatsache vorbereiten, dass es ein wenig Spontanität im Leben braucht. Üben Sie im kleineren Rahmen wie z. B. einem spontanen Spieleabend, einem spontanen Spaziergang oder anderen Aktivitäten innerhalb der Familie, die nicht abgesprochen sind. Vermitteln Sie dem Kind, dass und warum es wichtig ist, das auch zu üben.

6. **Ismael** soll seine Hausaufgaben machen, vorher darf er nicht spielen. Gerade erst ist er von der Schule gekommen, später geht es noch zu Oma und Opa. Schon die Aufforderung, dass er seine Hausaufgaben machen soll, lässt die Wut in ihm hochkochen. Er rennt in sein Zimmer und schlägt die Tür so feste und laut zu, wie er nur kann. Sein Vater rennt ihm hinterher, um ihm klar zu machen, dass das so nicht gehe. Ismael hat mittlerweile damit begonnen, sein Zimmer auseinanderzunehmen.

Das Problem des Jungen in diesem Beispiel ist Überforderung. Und zwar diesmal nicht vorrangig aufgrund von Reizüberflutung, sondern vor allem wegen des Drucks. Er fühlt sich unter Druck gesetzt, weil er jetzt seine Hausaufgaben machen soll und fertig haben muss, bis sie zu Oma und Opa fahren. Wie die meisten hochsensiblen Kinder kann Ismael mit Druck und Stress nicht oder nur schwer umgehen. Er kann seine Emotionen und Gedanken nicht so einfach verdrängen und von sich wegschieben.

Aber genau das müsste er jetzt tun, um zu funktionieren. Und wenn er es schafft, dann wird sich das rächen. Die Gedanken und Gefühle werden dann nicht einfach geduldig warten, sondern sich permanent aufdrängen. Das wird ihn noch mehr stressen und schließlich überfordern. Etwas unter Zeit- oder Leistungsdruck zu meistern, liegt nicht in seinem Naturell (dieses braucht nämlich Zeit und viel innere Freiheit). Dafür muss er Extrakräfte mobilisieren, die ihn viel Energie kosten werden.

Um Ismael zu helfen, sollten seine Eltern akzeptieren, dass ihr Sohn unter Druck nicht arbeiten kann. Dass es besser ist, seinen Terminkalender lockerer zu gestalten und beispielsweise den Besuch bei Oma und Opa auf das Wochenende zu verschieben. Gleichzeitig muss aber natürlich auch Ismael lernen, mit Stress und Druck umzugehen. Das lässt sich z. B. mit einer "besonderen" Woche trainieren. Dafür sucht man sich eine Woche im Monat aus, in der es etwas mehr Termine für das Kind gibt, sodass es sich langsam an mehr Stress und Druck gewöhnen kann. Die Wochen werden vorher festgelegt und mit dem Kind besprochen, sodass es vorbereitet ist. Nach ein paar Monaten kann man in einen 2 - wöchigen Rhythmus übergehen. Eine Woche entspannt, eine Woche mehr, eine Woche entspannt, eine Woche mehr… Die Regelmäßigkeit gibt dem Kind Halt und Orientierung, sodass es ihm leichter fällt, durchzuhalten. Das Erfolgserlebnis, dass es die Wochen gemeistert hat, steigern zudem sein Selbstbewusstsein.

7. Noch 10 Minuten hat sie Zeit, dann muss **Kim** die Klassenarbeit abgeben. Aber 10 Minuten reichen ihr nicht, sie braucht mehr Zeit. Sowieso braucht sie immer mehr Zeit als andere, für so gut wie alles. Sogar ein Gespräch zwischen ihrem Lehrer und ihren Eltern gab es schon deswegen. Weil sie so oft mit ihren Aufgaben nicht fertig wird. Und auch zu Hause erledigt sie die Dinge in einem eher langsamen Tempo. Dafür wird sie oft kritisiert, auch von ihren Eltern. Dabei versucht sie doch, sich zu ändern, bekommt es aber nicht hin. Sie kann einfach nicht schneller.

Wie viele hochsensible Kinder, ist Kim besonders und fast unnormal gewissenhaft, in allem was sie tut. Wenn sie beispielsweise an einer Schreibaufgabe sitzt, möchte sie möglichst jedem Detail gerecht werden und hat Probleme all ihre Gedanken und Ideen in diese eine Aufgabe zu packen. Sowieso macht sie sich sehr viele Gedanken über den Tag hinweg und braucht deshalb einfach oft länger für die Dinge. Manchmal verliert sie sich sogar in ihren Gedanken und hört einfach mittendrin auf, mit dem, was sie gerade tut. Und so vergeht die Zeit, bis sie sich wieder besinnt und weitermachen kann.

Helfen könnten ihr Konzentrationsübungen und eine Stoppuhr. Sie muss sich das, was andere Kinder schon von Natur aus besser können, aneignen.

Um dem Zeitproblem bei Klassenarbeiten beizukommen, hilft es z. B., mit Stoppuhr zu lernen. Übungsaufgaben in festgelegter Zeit zu bearbeiten. Daneben können ein paar Konzentrationsübungen helfen, sich besser zu fokussieren.

9 häufige Fehler in der Erziehung und mögliche Lösungsansätze

Diese Kategorie bezieht sich allgemein auf die Kindererziehung. Die typischen Fehler sind jedoch in Bezug auf hochsensible Kinder besonders fatal, weil ihre Konsequenzen schwerer wiegen.

Wichtig ist, zu wissen, dass nur dauerhafte Fehler Kindern dauerhaften Schaden zufügen. Dass aber natürlich auch mal Fehler passieren, und passieren dürfen. Wichtig ist nur, dass Sie das selbst auch bemerken und einsehen, um es nächstes Mal anders bzw. besser zu machen.

Fehler 1: Konsequenz = Bestrafung

Viele Eltern verwechseln Konsequenz in der Erziehung mit Strafen. Sie bauen damit ihre Erziehung auf Strafen auf, was am Ende eher kontraproduktiv wirkt. Das Verrückte ist: Strafen wirken, sollten aber in der Erziehung trotzdem nicht zum Einsatz kommen. Denn sie wirken nicht so, wie sie es im Sinne der Erziehung und ihrer Ziele sollten.

Die Grundidee beim Verhängen von Strafen ist, dass sie weh tun müssen. Dass sie dem Kind eine Lehre ist, die es in Zukunft von entsprechenden Handlungen abhalten soll. Soweit die Theorie.

In der Praxis liegt genau in dieser Grundidee ein großes Problem, denn Strafen verletzen (zumindest seelisch). Das Verhängen von Strafen ist eine bewusste seelische Verletzung, ein Angriff. Außerdem entsteht auf diese Weise ein ungesundes Machtgefälle zwischen Ihnen und Ihrem Kind, welches wiederum die Wirkung der Strafe, also die Verletzung, noch intensiviert.

Des Weiteren heben Bestrafungen die Abhängigkeit des Kindes von den Eltern in ungesunde Dimensionen. Natürlich ist ein Kind in gewisser Weise abhängig von seinen Eltern, ganz klar. Aber durch Bestrafungen fokussiert sich diese Abhängigkeit auf die Willkür der Eltern. Denn diese üben mit dem Verhängen von Strafen nun mal eine immense Macht auf das Kind aus. Wenn wir als Erwachsenen bemerken, das Beziehungen zu anderen Personen uns schaden, können wir sie einfach abbrechen. Kinder können, bis zu einem gewissen Alter, nicht so einfach die Beziehung zu ihren Eltern abbrechen, weil sie ebenso abhängig sind. Und zwar abhängig vom Wohlwollen der Eltern.

Somit schaden Strafen der Eltern-Kind-Beziehung bzw. Bindung. Sie verletzen nicht nur das Kind, sondern auch den Faden des Vertrauens.

Des Vertrauens darauf, dass die Eltern ihre Macht in wohlwollender Positivität nutzen, nur das Beste für ihr Kind wollen. Strafen sind genau das Gegenteil. Die Macht wird genutzt, um dem Kind klar zu machen, wer hier das Sagen hat. Diese Form von Macht unterdrückt, macht das Kind klein und verletzt seine Würde. Strafen signalisieren dem Kind nur Negatives.

Sie widersprechen dem, was die Aufgabe von Eltern ist. Die Bedürfnisse ihres Kindes, vor allem nach Nähe und Sicherheit, zu erfüllen und es auf das spätere Leben in der Gesellschaft vorzubereiten. Strafen machen in diesem Kontext absolut keinen Sinn. Viel eher untergraben sie die Bedürfnisse des Kindes und schaden ihrer Entwicklung.

Denn dadurch passen sich Kinder eigentlich einfach nur an, weshalb Strafen eben oft auch zu funktionieren scheinen. In Wahrheit entsteht beim Kind nur Angst. Angst vor Liebesentzug, Angst die Eltern zu enttäuschen, Angst vor den Reaktionen der Eltern, etc... Und aus dieser Angst heraus passen sich Kinder an. Und die Kinder, bei denen Strafen nicht so gut funktionieren, entwickeln häufig Wut und anhaltendes Trotzverhalten. So oder so entsteht ein ungesunder Teufelskreis aus Angst und Gehorsam oder Wut, Trotz und weiteren Bestrafungen. Und jeder weiß, dass ein Teufelskreis einen niemals weiterbringt.

Aber was sind die Alternativen, wenn das Kind absolut nicht hören will?

Dazu stellen Sie mal folgende Überlegung an: Was will ich mit einer Bestrafung eigentlich erreichen? Im Grunde möchte ich doch, dass das Kind versteht, dass es etwas und was es falsch gemacht hat. Dass es lernt, sich nächstes Mal besser bzw. anders zu verhalten. Ich möchte also einen Lernprozess ankurbeln. Wir wissen nun, dass das mit Strafen nicht funktioniert.

Viel besser ist es, mit dem Kind zu sprechen. Ihm in ruhigem, aber ernstem Ton zu erklären, was es falsch gemacht hat und warum es falsch war. Im Zweifel wiederholen Sie sich immer wieder.

Zeigen Sie dem Kind, wie es sich verhalten soll und warum. Nicht, wie es sich nicht verhalten soll. Zeigen Sie Alternativen auf und erklären Sie, wie viel besser diese sind. Bei kleineren Kindern können Sie die Dinge im Rahmen eines Rollenspiels aufzeigen.

Besinnen Sie sich zurück auf die Bedeutung von Konsequenz. Es handelt sich dabei um feste Entschlossenheit. Sie haben sich etwas vorgenommen und bleiben auch dabei, bis das Ziel erreicht ist. Auch bedeutet sie Logik und Folgerichtigkeit. Auf eine Handlung folgt eine logische Folge, also eine Konsequenz. In der Erziehung konsequent zu sein, bedeutet, Grenzen zu setzen und diese dann auch nicht zu lockern.

Regeln möglichst ausnahmslos einzuhalten. Von Strafen ist hier nicht die Rede. Werden vom Kind Regeln gebrochen und Grenzen überschritten, muss es zunächst einmal darauf hingewiesen werden. Dem Kind muss klargemacht werden, welche natürlichen Konsequenzen sein Verhalten haben kann und wie es sich besser verhalten könnte. Auch, welche positiven Konsequenzen diese alternative Handlung haben kann.

Natürliche Konsequenzen können z. B. sein: Das Kind hat sich bei einem Familienfest massiv danebenbenommen. Wenn es das jedes Mal macht, werden die Leute es irgendwann nicht mehr gerne einladen.

Auch das sollte mit dem Kind besprochen werden. Es soll wissen, dass es die Situation selbst in der Hand hat. Dass es selbst entscheiden kann, ob es das nervige Kind oder das gern gesehene Kind auf Familienfesten sein möchte. Machen Sie ihm alternative Verhaltensweisen und ihre möglichen Auswirkungen schmackhaft.

Fehler 2: Inkonsequenz

Die andere Seite ist die Inkonsequenz. Aufgestellte Regeln und gesetzte Grenzen sind dabei zu locker angebracht und damit anfällig für Ausnahmen. Solche Ausnahmen verunsichern Kinder jedoch, weil sie dann nicht wissen, woran sie sind. Sie können sich nicht gut orientieren, wenn zu oft Ausnahmen gemacht werden. Deshalb ist es wichtig, die Regeln und Grenzen als feste Pfeiler oder Säulen wahrzunehmen und auch so zu behandelt. Gerne können Sie Regeln und Grenzen gemeinsam mit Ihrem Kind erarbeiten, sodass auch das Kind dabei mitreden konnte. Es fällt nämlich leichter, Regeln zu beachten, denen man selbst zugestimmt oder die man selbst mit aufgestellt hat. Wichtig ist auch, dass die Regeln, soweit möglich, sowohl von Kindern, als auch von Eltern, befolgt werden.

Fehler 3: Die Grundbedürfnisse und Wünsche des Kindes übergehen

Konsequenz ist nur die eine, strengere, Seite der Erziehung. Die andere Seite ist natürlich Liebe, Nähe und Wohlwollen sowie alles, was damit zu tun hat. Diese Seite ist elementar wichtig und hat viel mit Wertschätzung zu tun. Genauso schätze ich mein Kind Wert, wenn ich seine Wünsche ernst nehme und nach Möglichkeit wahr werden lasse.

Leider kommt diese Seite aber auch oft zu kurz, weil man zu sehr mit der anderen Seite zu tun hat. Dabei sollte zwischen beiden ein möglichst ausgewogenes Verhältnis herrschen. Je nach Charaktertyp des Kindes natürlich.

Verknüpfen Sie deshalb erzieherische Maßnahmen immer auch mit der Zusicherung dem Kind gegenüber, dass Sie es liebhaben und es mit Problemen immer zu Ihnen kommen kann. Zu keiner Zeit sollte ein Kind das Gefühl haben, dass die Eltern es nicht mehr mögen oder enttäuscht von seiner Person sind. Enttäuscht sind sie höchstens von seinem Verhalten, nicht aber von seiner Person. Die Einbeziehung des Kindes in regelmäßige Wochenendplanungen bietet daneben den perfekten Raum für jenes, seine Wünsche mit einzubringen.

Fehler 4: Negativ emotionsgeladen erziehen

Wenn wir voller negativer Emotionen sind, fällt es uns besonders schwer, rational zu handeln. Gleichzeitig tendieren wir zu impulsivem und destruktivem Handeln. Auch in der Erziehung stellt dies ein Problem dar, denn Kinder können einen schon mal in Rage bringen. In solchen Momenten ist es aber wichtig, erst einmal durchzuatmen, sich zu sammeln und erst dann zu agieren, wenn Sie sich beruhigt haben.

Wenn der Drang zum impulsiven Handeln sich gelegt hat und Sie wieder in der Lage sind, kontrolliert zu handeln. Alles andere führt zur Kontraproduktivität und zu sinnlosen Teufelskreisen.

Wenn Sie beispielsweise auf einen Wutanfall Ihres Kindes mit Wut reagieren, heizen Sie die Wut des Kindes nur weiter an. Die Wut des Kindes heizt dann wiederum Ihre Wut an, … etc… Es macht also keinen Sinn. Sie verletzen sich nur gegenseitig.

Fehler 5: Predigten halten

Nach Fehlverhalten des Kindes, neigen viele Eltern dazu, lange Reden zu schwingen. Dies geschieht in der Erwartung, dass das Kind aus ihren Worten lernt. Doch solche Predigten gehen an Kindern in ihrem Inhalt eher vorbei, als dass sie sie erreichen. Ältere Kinder werden von ihnen eher genervt sein und sie dadurch auch nicht ernst nehmen.

Deshalb macht es viel mehr Sinn, richtige Gespräche zu führen, in denen ein Austausch von Worten stattfindet. In denen sich das Kind selbst einbringen kann und somit aktiv lernt.

Fehler 6: Keine klaren Aussagen

Häufig drücken Eltern sich nicht unmissverständlich aus, auch wenn ihnen das selbst nicht so auffällt. Wenn wir beispielsweise möchten, dass das Kind uns beim Aufräumen hilft, dann wäre es angebracht, das auch ganz klar zu sagen. Häufig verwenden wir aber eine Fragestellung: "Könntest du mir bitte beim Aufräumen helfen?" Für Sie ist das in dem Moment eine ganz klare rhetorische Frage, natürlich meinen Sie damit, dass das Kind Ihnen helfen soll. Aber diesem ist das ganz und gar nicht klar. Für ein Kind bedeutet eine Frage, dass es ganz frei mit JA oder NEIN antworten kann. Also ist es für das Kind auch legitim, die Frage mit NEIN zu beantworten. Also, nicht lange drum herumreden, sondern einfach klar und unmissverständlich sagen, was Sie von dem Kind möchten.

Fehler 7: Perfektionismus und keine Erholung

Die immer höheren Ansprüche unserer Gesellschaft nehmen auch in den Familienalltag Einzug. Viele Eltern haben das Gefühl, sie müssten perfekte Eltern sein, die niemals etwas falsch machen und ihrer Familie rund um die Uhr voll und ganz zur Verfügung stehen müssen.

Aber dem ist nicht so. Natürlich können und sollen Sie sich auch mal Auszeiten nehmen, und natürlich sollen Sie sich Fehler nicht übelnehmen, sondern vielmehr aus ihnen lernen. Es ist trotz des Status als Mutter oder Vater noch immer legitim und auch wichtig, Mensch zu sein.
Und Menschen machen nun mal Fehler, sind nicht perfekt und sollen es auch gar nicht sein. Außerdem brauchen sie Auszeiten, um sich zu erholen, genauso wie ihre Kinder. Alles andere führt nur zu Anspannung, die besonders hochsensible Kinder spüren. In der Summe ist also das Streben nach Perfektion in der Erziehung eher ein Minusgeschäft, und zwar für alle Beteiligten.

Nehmen Sie sich also auch mal heraus. Schauen Sie, dass die Kinder versorgt sind, und tun Sie sich etwas Gutes. Auch mal ohne die Kinder, vielleicht auch ohne den Partner. Überlegen Sie sich, was Sie vielleicht früher einmal gern gemacht haben, aber seit Sie Kinder haben, einfach zu kurz gekommen ist oder gar nicht mehr stattfindet. Und erlauben Sie sich Fehler. Wenn Sie beispielsweise einmal nicht mehr an sich halten können und etwas lauter werden, dann nehmen Sie anschließend Ihr Verhalten erst einmal so an. Wenn die Situation sich beruhigt hat, sprechen Sie mit Ihrem Kind in Ruhe darüber und sind einfach offen.
Sagen Sie einfach, dass es Ihnen leidtut und erklären Sie dem Kind, warum Ihnen das passiert ist. Es soll und muss ihm klar sein, dass auch seine Eltern nur Menschen sind.

So können Kinder Verständnis für etwaige Fehler ihrer Eltern entwickeln und nehmen sich diese automatisch weniger zu Herzen. Sie verstehen dann besser, dass dieses und jenes nicht nur an ihnen, sondern auch an den Eltern liegt. Dass nicht nur sie selbst Fehler machen, sondern auch die Möglichkeit besteht, dass die Eltern etwas falsch machen.

Fehler 8: Mehr tadeln als loben

Der Mensch neigt generell dazu, den Fokus auf das Negative zu legen. So auch in der Erziehung. Dadurch kommt es schnell dazu, dass Eltern ihre Kinder tendenziell eher tadeln als loben. Dass Fehler der Kinder eher auffallen, als das, was sie richtig oder gut gemacht haben. Zweiteres wird oft einfach als selbstverständlich und somit nicht erwähnenswert erachtet.

Wichtig ist, dass ein ausgewogenes Verhältnis zwischen Tadel und Lob an jeweils den richtigen Stellen besteht, dass weder zu viel noch zu wenig von beidem geschieht. Auch hierzu später mehr.

Fehler 9: Falsches Timing

Wenn Kinder etwas verweigern, was ihre Eltern von ihnen wollen, kann das ganz schön frustrierend sein. Oft wird das Problem dann beim Kind gesucht. Doch es kann auch sein, dass es einfach am schlechten Timing der Eltern liegt. Wenn ich jetzt gerade auf die Idee komme, dass mein Kind mir beim Kochen helfen soll, dann habe ich irgendwo die Erwartung, dass es dem Folge leistet, wenn ich es ihm sage. Doch da gibt es einen Haken: Kinder sind eigene Individuen, die ihren eigenen Tagesablauf haben. Sie haben ihre Werte und Vorstellungen, eigene Prioritäten.
Was wir in dem Moment von unseren Kindern verlangen, ist Gehorsam. Aber wie würden Sie es denn finden, wenn jemand von Ihnen verlangen würde, alles stehen und liegenzulassen, um jetzt genau das zu, was er jetzt in dem Moment sofort von Ihnen möchte?!

Wenn Timo gerade in seinem Zimmer dabei ist, seinen persönlichen Rekord im Legosteine-Aufeinander-Stapeln zu brechen, kommt es ihm wahrscheinlich sehr ungelegen, wenn Mama hereinplatzt und meint, er müsse unbedingt jetzt im Haushalt helfen. Einfach, weil sie das jetzt so will. Da braucht Mama sich nicht wundern, wenn der Sprössling damit nicht einverstanden ist. Um solche Situationen zu verhindern, ist es sinnvoll, einen Haushaltsplan aufzustellen, in dem jeder seine regelmäßigen Aufgaben hat, an die er seinen eigenen Tagesablauf anpassen kann.

Wie Kinder lernen können, sich abzugrenzen

Abgrenzung ist für hochsensible Menschen eine große Herausforderung, viele von ihnen schaffen es nicht, die Gefühle und Probleme ihrer Mitmenschen von sich wegzuschieben. Die eigenen Grenzen sind verschwommen und für sie nur schwer wahrnehmbar. Dadurch fühlen sich die Probleme anderer schnell so an, als wären es ihre eigenen. Und auch die Grenze zwischen Mitleid und Mitgefühl verschwimmt bei Hochsensiblen häufig. Mitleid ist quasi die ungesunde Version von Mitgefühl. Dabei hilft Ersteres niemandem, während Zweiteres zumindest dem anderen eine Stütze ist.

Abgrenzung beginnt im Grunde mit der Fähigkeit, NEIN sagen zu können und damit seine Grenzen nach außen hin klar aufzuzeigen. Erst wenn ich meine Grenzen klar und deutlich markiert habe, kann ich sie auch verinnerlichen. Deshalb wird es hier nun vor allem darum gehen, wie Kinder lernen können, NEIN zu sagen. Für hochsensible Kinder etwas, das eher selten angeboren ist und erst noch mühsam erlernt werden muss. Daher sollte so früh wie möglich eine entsprechende Förderung stattfinden.

NEIN sagen dürfen

Es ist absurd, aber tatsächlich überschreiten wir ständig die Grenzen unserer Kinder, ohne es wirklich zu merken.

- Wir fordern sie auf, sich für etwas zu entschuldigen, an dem sie eigentlich keine Schuld tragen.
- Wir fordern sie auf, den Teller leerzuessen, obwohl sie satt sind.
- Sie sollen schlafen gehen, obwohl sie nicht müde sind.
- Sie werden beim Kosenamen gerufen, obwohl ihnen das offensichtlich peinlich ist.
- Ihnen wird über die Haare gestrichen, ohne dass man fragt, ob sie das überhaupt möchten.
- …

Es sind die alltäglichen Dinge, die im Zuge der Erziehung nun mal passieren und die sich Kinder gefallen lassen müssen. Gleichzeitig erwarten wir aber von ihnen, dass sie die Grenzen anderer und vor allem unsere Grenzen wahren.

Natürlich ist aber klar, dass Erziehung nicht ohne Grenzüberschreitungen geht. Immerhin erfordert sie immer wieder, dass Erwachsene in die Welt und damit die Privatsphäre ihrer Kinder eingreifen. Und dennoch sollte man als Elternteil so gut es geht versuchen, auch die Grenzen seines Kindes zu wahren. Ihm zuzugestehen, dass es Grenzen haben darf und soll.

Denn nur wenn ein Kind auch erlebt, dass seine liebsten Menschen seine Grenzen beachten, lernt es, dass diese Sinn machen, dass Grenzsetzung tatsächlich wirksam ist.

Wie Kinder ein NEIN ausdrücken

Wenn wir uns nun einmal das Beispiel eines extrovertierten hochsensiblen Kindes ansehen, können wir beobachten, dass das NEIN meist viel zu spät und in entarteter Form kommt. Nämlich in Form von Wutanfällen.

Das NEIN eines introvertierten hochsensiblen Kindes wäre der Rückzug.

Beide Varianten sind ein Ausdruck dafür, dass diese Kinder zumindest in gewissen Situationen nicht in der Lage sind, rechtzeitig und damit bewusst Grenzen zu setzen. Das NEIN kommt erst dann, wenn es nicht mehr anders geht. Es kommt nicht bewusst oder freiwillig. Dafür aber auf ungesunde Weise. Diese Kinder müssen in ihrem Leben also noch lernen, wie sie rechtzeitig intervenieren und dafür sorgen, dass die Dinge ihnen erst gar nicht zu viel werden.
Dass ein Kind beispielsweise nach der Schule nicht sofort Hausaufgaben macht, sondern erst einmal eine Stunde Entspannungspause fordert. Dass es klar äußert, und sich das auch traut, dass es jetzt eine Pause braucht, um Kraft zu tanken. Und das wäre z. B. ein Anliegen bzw. ein NEIN, das Eltern guten Gewissens akzeptieren könnten.

Wie Sie Ihr Kind dabei unterstützen, sich abzugrenzen

Freuen Sie sich über ein klares NEIN Ihres Kindes

Freuen Sie sich darüber, wenn aus dem Mund Ihres Kindes ein klares und deutliches, aber nicht unfreundliches, NEIN ertönt. Das bedeutet, dass es weiß, was es will bzw. was es nicht will. Wenn Sie Ihrem Kind z. B. eine Frage stellen, die mit Ja oder Nein beantwortet werden kann, dann ist es natürlich das gute Recht Ihres Kindes, sich für das NEIN zu entscheiden. Sie haben ihm ja schließlich die Wahl gelassen.

Nehmen Sie ein NEIN Ihres Kindes ernst

Wenn Sie beispielsweise beim Essen sitzen und das Kind fragen, ob es noch etwas essen möchte, dann akzeptieren Sie die Antwort. Wenn sie NEIN lautet, dann fragen Sie nicht noch 5 Mal hinterher, ob es auch wirklich nichts mehr wolle. Wenn Sie der Meinung sind, dass das Kind zu wenig gegessen hat, sagen Sie stattdessen z. B.: "Ok, gut. Wenn du später nochmal etwas möchtest, musst du dich halt melden!"

Seien Sie offen für Kompromisse

Statt sich über das NEIN des Kindes hinwegzusetzen, sollten Sie öfter mal Kompromisse vorschlagen. Will das Kind z. B. partout keinen Salat essen, dann bestehen Sie nicht darauf, sondern lassen Sie sich auf einen Kompromiss ein. Dann isst es vielleicht doch ein paar Blättchen, aber mit viel Soße.

Üben Sie gemeinsam das NEIN-Sagen

Führen Sie regelmäßig Übungen, am besten in Form von Rollenspielen, durch. Das kann die Inszenierung verschiedener Situationen sein, in denen es Ihrem Kind schwerfällt, Grenzen zu setzen. Sprechen Sie mit Ihrem Kind darüber, fragen Sie es, in welchen Situationen sie JA sagen, obwohl sie eigentlich NEIN sagen wollen.

Spielen Sie entsprechende Situationen durch und überlegen Sie sich gemeinsam, wie ein NEIN vielleicht durch die Blume ausgedrückt werden könnte. Es muss ja nicht immer ein klares NEIN sein. Wenn Ihr Kind beispielsweise eigentlich keine Lust hat, mit seinem besten Freund zu spielen, sondern gerade viel lieber seine Ruhe haben und lesen möchte, dann könnte das Nein auch so klingen: "Ich habe da ein tolles Buch, das ich heute unbedingt noch fertiglesen möchte!". So wird die Hemmschwelle, NEIN zu sagen, herabgesetzt und es fällt leichter.

Erklären Sie Ihrem Kind, was NEIN bedeutet

Es gibt eine Phase im Leben eines Kleinkindes, in der es das NEIN-Sagen quasi für sich entdeckt. Im Zuge dessen schmeißt das Kind mit NEINs nur so um sich. Alles wird auf einmal abgelehnt und verneint. Das ist eine ganz normale Entwicklungsphase, die in der Regel vorübergeht.
Erklären Sie Ihrem Kind jedoch altersgerecht, warum es nicht zu allem und jedem NEIN sagen kann. Fragen Sie deshalb bei einem NEIN immer nach, ob es auch wirklich NEIN meint. Lehnt es z. B. Dinge ab, die es vorher immer gerne gehabt hat, haken Sie besser noch einmal nach. Das Kind muss wissen, dass NEIN auch wirklich NEIN bedeutet. Dass es dann wirklich kein Eis bekommt, dass Mama dann wirklich keine Gutenachtgeschichte vorliest. Dass es dann wirklich nicht zu Oma und Opa geht…

Zeigen Sie Interesse an den Gründen für das NEIN

Fragen Sie Ihr Kind beim nächsten NEIN doch einfach mal ganz offen, warum es dieses und jenes nicht möchte. Damit nehmen Sie es ernst und zeigen ihm, dass Sie es verstehen möchten. Gleichzeitig merkt es seine eigene Wirksamkeit, dass es mit einem NEIN etwas bewirken kann.

Seien Sie Vorbild und begründen Sie Ihre NEINs

Es gibt viele Situationen im Alltag, in denen Kinder ein NEIN von ihren Eltern zu hören bekommen, aber eher seltener bekommen sie wirklich eine Erklärung für dieses NEIN. Auf die Nachfrage: "Aber warum denn?" kommt häufig sowas wie: "Ende der Diskussion. Ich habe NEIN gesagt und das heißt auch NEIN!".

Aus dieser Situation lernt Ihr Kind rein gar nichts, ist höchstens vor den Kopf gestoßen. Wenn das Kind allerdings versteht, was das NEIN für einen Sinn macht, kann es Verständnis dafür entwickeln und es so eher akzeptieren. Vor allem lernt es so etwas für die Zukunft.

Die wichtigsten Bedürfnisse hochsensibler Kinder auf einen Blick

- Sie brauchen die Ruhe und Gelassenheit ihrer Eltern. Keine Hektik, keinen unnötigen Stress.
- Sie brauchen Ruhepausen und genügend Luft zwischen Terminen. Keinen vollen Terminkalender.
- Sie brauchen einen strukturierten Alltag und gemeinsame Rituale. Der Alltag muss möglichst berechenbar sein.
- Sie brauchen klare Absprachen, klare Regeln und nachvollziehbare Erziehungsmaßnahmen.
- Sie brauchen Verständnis für ihre Person. Keine unnötigen Missverständnisse oder Konflikte.
- Sie brauchen Zeit und Geduld seitens der Eltern. Druck tut ihnen nicht gut.
- Sie brauchen Eltern, die ihnen dabei helfen, selbstbewusster zu werden und emotionale Stärke zu entwickeln.
- Sie brauchen Eltern, die ihre eigenen Emotionen unter Kontrolle haben und ihnen dabei helfen, ihre Emotionen zu kontrollieren.
- Sie brauchen Eltern, die ihnen dabei helfen, sich besser von anderen abgrenzen zu können.
- Sie brauchen eine respektvolle und gewaltfreie Kommunikation sowie Lob und Anerkennung.

Selbstreflexion für Eltern

Beginnen wir doch einfach mal der Reihe nach. Um einen klaren Ansatzpunkt zu erreichen, der den Ist-Zustand widerspiegelt, ist die Selbstreflexion unumgänglich. Egal, um welche persönliche und aktive Veränderung bzw. Weiterentwicklung es geht.

Aus diesem Grunde halte ich es für sinnvoll, bei der Selbstreflexion anzusetzen, um von ihr aus dann die Entwicklung anzugehen. Natürlich bezieht sich die Selbstreflexion in diesem Falle auf die Erziehung und den Umgang mit Ihrem Kind/Ihren Kindern. Ebenso bezieht sie sich sowohl auf die aktuelle Entwicklung als auch auf die Vergangenheit. Denn zum einen ist es natürlich wichtig, zu wissen, was in der Vergangenheit falsch oder richtig gemacht wurde, zum anderen ist es aber auch von Bedeutung, die Selbstreflexion während des Veränderungsprozesses und der Zeit danach stetig weiterzuführen.

Am Ende geht es darum, dass Sie sich Ihrer eigenen Verhaltensweisen gegenüber Ihres Kindes, deren möglichen Auswirkungen auf dieses und die Beziehung zwischen Ihnen, bewusst werden. Dass Sie wissen, woran Sie arbeiten müssen, welche Stärken und Schwächen Ihre Erziehung wie beeinflussen und was Sie schon intuitiv richtig gemacht haben/machen. Aber auch darum, Verständnis für sich selbst und etwaige Fehler im Umgang mit Ihrem Kind zu entwickeln.

Schaffen Sie sich für diese Selbstreflexion genügend Raum, in dem Sie ganz entspannt nachdenken können. Gerne können Sie diese Einstiegsreflexion auf mehrere Tage verteilen. Schreiben Sie sich die folgenden Fragen in ein kleines Büchlein. Lesen Sie sie sich durch und schließen Sie nach jeder Frage die Augen (wenn Sie möchten) und denken in Ruhe nach, um sie sich selbst zu beantworten. Anschließend notieren Sie sich diese Antworten.

- Welche Situationen im Familienalltag bringen mich an meine Grenzen?
- Wie reagiere ich, wenn ich an meinen Grenzen angelangt bin oder sie überschreite?
- Welches Verhalten meines Kindes macht mich traurig oder wütend und warum?
- Welche Situationen machen mich hilflos und warum?
- Welche Erwartungen habe ich meinem Kind gegenüber und inwiefern erfüllt es diese?
- Kann mein Kind meine Erwartungen überhaupt erfüllen? Woher kommen sie?
- Wie spreche ich mit meinem Kind? Schaue ihm dabei in die Augen, gehe ich auf Augenhöhe mit ihm? Wann spreche ich laut und ungehalten, wann ruhig, wann ernst?
- Wie oft umarme ich mein Kind, wie nah sind wir uns körperlich?
- Was haben mein Kind und ich gemeinsam, in welcher Hinsicht kommt es nach mir?

- Reflektiere ich mein Verhalten nach eventuellen Eskalationen?
- Welche Rolle spielte mein eigenes Verhalten bei markanten Konflikten in der Vergangenheit?

Für die Analyse nach schwierigen Situationen im Alltag:

- Was ist passiert?
- Welches Verhalten meines Kindes hat die Situation hervorgerufen?
- Was könnte der Grund für sein Verhalten gewesen sein? Hatte es vielleicht mit mir zu tun?
- Welches Verhalten meinerseits hat die Situation verschlimmert oder sogar verbessert?
- Wie kann ich nächstes Mal reagieren, um eine Eskalation zu vermeiden?

Ein anschließendes ruhiges Gespräch mit dem Kind ist immer zu empfehlen! Dabei sollte auch das Kind dazu animiert werden, sein Verhalten zu überdenken, um sich selbst besser kennenzulernen.

Selbstreflexion für Kinder

Kinder sollten frühestmöglich lernen, sich selbst und ihr Verhalten zu reflektieren, denn dies hilft ihnen, sich besser kennenzulernen und ihr Selbstbewusstsein zu stärken. Außerdem hilft es ihnen, ihre Gefühle und Erlebnisse besser wahrzunehmen, zu verstehen und zu verarbeiten.

Setzen Sie sich dafür einmal in der Woche mit Ihrem Kind hin und besprechen Sie, was in den letzten 7 Tagen so passiert ist. Versuchen Sie, das Gespräch auch auf schwierige Situationen zu lenken, sodass auch diese angesprochen werden. Gegebenenfalls fragen sie nach: “Und wie war das für dich?”.

Tipps für die Reflexion mit Kindern

Verwenden Sie Satzanfänge

Vor allem bei jüngeren Kindern hilft es, das Ganze mit einem Spiel zu verknüpfen. Schreiben Sie dazu Satzanfänge wie “Heute geht es mir …!”, “Heute habe ich …!”, Am Montag war ich …!” einzeln auf kleine Kärtchen. Diese bilden einen Stapel.

Des Weiteren schreiben Sie Satzanfänge, die den jeweils nächsten Satz einleiten könnten, auf: “Das hat mich ...!”, “Das hat mir ...!”.... Auch diese bilden einen Stapel.

Ein weiterer Stapel mit dem Anfang des möglichen dritten Satzes: “Nächstes Mal möchte ich ...!”, “Wenn das wieder passiert, werde ich ...!”,...

Lassen Sie das Kind die Sätze zu Ende führen. Schreiben Sie diese Aussagen auf und schauen Sie sich diese gemeinsam an. So können Sie beispielsweise ein Reflexionsgespräch einleiten.

⇨ Übrigens: Ein solches Gespräch eignet sich auch nach akuten Situationen wie Wutanfällen.

GFK - Gewaltfreie Kommunikation

Bei der GFK handelt es sich um ein Modell zur konstruktiven Bearbeitung von Konflikten von Dr. Marshall B. Rosenberg. Mittlerweile dient das Modell als Grundhaltung in zwischenmenschlichen Beziehungen und hilft uns bei der Gestaltung unserer Ausdrucksweise sowie unserer Art, zuzuhören. Die gewaltfreie Kommunikation regt uns an, uns ehrlich und klar auszudrücken und respektvoll miteinander umzugehen. Genauso, respektvoll und einfühlsam zuzuhören. sich selbst ehrlich aber freundlich auszudrücken und dem anderen empathisch Gehör zu schenken.

Marshall B. Rosenberg nennt die GFK auch "Giraffensprache", weil Giraffen anatomisch gesehen so ein großes Herz und diesen langen Hals haben. Diese beiden Merkmale stehen sinnbildlich für die verständige Empfindsamkeit der Kommunikationspartner und den Überblick in komplexen Situationen.

Diese Art der Kommunikation wird von Rosenberg in 4 Komponenten eingeteilt, welche das Verhalten des Gesprächspartners bestimmen:

- Das Beobachten
- Das Benennen von Gefühlen
- Die Äußerung von Bedürfnissen
- Das Bitten

Ich möchte diese 4 Komponenten gerne im Rahmen einer typischen Alltagssituation mit Kind erläutern. Nehmen wir an, bei Familie Hempel gibt es jeden Morgen die Konfliktsituation, dass die Eltern aus dem Haus und zur Arbeit müssen, Tochter Lisa zwar auch zur Schule sollte, sich aber mal wieder alle Zeit der Welt lässt.

Schnell kommt es da zu emotionsgeladenen Aussagen bzw. Vorwürfen wie: “Es ist jeden Morgen das gleiche Theater!”, “Es warten wieder alle nur auf dich!”, “Das machst du doch mit Absicht!”, “Kannst du dich nicht einmal beeilen?!”, “Deinetwegen kommen wir noch zu spät!”.

Das Beobachten

Bei dieser ersten Komponente bzw. diesem ersten Schritt nehmen wir einfach nur wahr, was passiert. Ohne die Situation zu bewerten. Es geht um die Fragen: Was passiert hier gerade? Was höre ich? Was sehe ich? Es geht um die rein rationale Wahrnehmung und Registrierung dessen, was gerade ist.

Und so sieht Lisas Mutter z. B., dass ihre Tochter gerade auf der Türschwelle umkehrt und zurück ins Haus läuft. So hört sie ihre Schritte auf der Treppe und das Öffnen der Tür zu ihrem Kinderzimmer. Dabei beurteilt sie das Verhalten von Lisa idealerweise erst einmal nicht, sondern stellt nur fest, was diese tut, mit allen angesprochenen Sinnen.

Sie denkt also nicht etwa "Jetzt hat sie bestimmt wieder irgendwas vergessen", sondern "Oh, sie geht noch mal nach oben in ihr Zimmer". Anschließend, wenn sie wieder da ist, fragt die Mama dann offen nach, was sie denn oben gemacht hat.

Das Benennen von Gefühlen

Es geht hier nicht um die Beschreibung der möglichen Ursache für das Gefühl, sondern rein um das aktuelle Gefühl selbst. Lisas Mutter fühlt sich gerade wohl gestresst, was sie dann auch so äußern sollte. Ohne diesen Stress mit dem Verhalten von Lisa zu begründen. Die gewaltfreie Kommunikation soll Vorwürfe nämlichen eliminieren, indem die Verantwortung für die eigenen Gefühle eben nicht auf andere übertragen wird.

Das Äußern von Bedürfnissen

Hier wird das Bedürfnis hinter ebendiesem Gefühl gesucht und festgestellt. Was könnte das Bedürfnis hinter dem Gestresst sein von Lisas Mutter stecken? Es ist nicht das Bedürfnis, dass ihre Tochter sich jetzt mal ein bisschen beeilt. So viel kann ich Ihnen schon verraten.

Es könnte aber z. B. das Bedürfnis nach Routine oder Ordnung sein. Lisas Mutter hätte wahrscheinlich gerne, dass alles nach Plan läuft. Dass sie rechtzeitig das Haus verlassen und die Tochter pünktlich an der Schule abliefern kann, um ebenso pünktlich ihren Dienst auf der Arbeit anzutreten.

Es ist also nicht das Verhalten von Lisa das Hauptproblem, sondern das Bedürfnis der Mutter nach Ordnung.

Nach GFK ist es wichtig, das, was wir gerade brauchen, auch wirklich auszudrücken. Unsere Bedürfnisse hinter dem, was wir fühlen, so genau wie möglich zu äußern. Dabei aber stets bei uns zu bleiben und dem anderen keine Vorwürfe zu machen. Lisas Mutter sollte also, am besten im Auto auf dem Weg zur Schule, ihrer Tochter mitteilen, was sie morgens braucht. Warum ihr das pünktliche Verlassen des Hauses so wichtig ist. Ohne aber Lisas Verhalten zu thematisieren.

Das Bitten

Hier geht es um die Frage, was wir vom anderen genau wollen. Was wir uns von ihm wünschen würden. Es geht darum, eine Bitte zu formulieren, und Forderungen möglichst zu unterlassen. Lisas Mutter könnte also in diesem letzten Schritt ihre Tochter darum bitten, in Zukunft morgens früher damit zu beginnen, sich für die Schule fertig zu machen. Dabei kann sie Lisa anbieten, ihr dabei zu helfen, etwas organisierter in den Tag zu starten. Beim gewaltfreien Bitten geht es darum, was der andere tun kann, um die Lebensqualität beider Gesprächspartner zu verbessern. Es sollten also möglichst immer beide Beteiligten vom Gespräch und seinem Ausgang profitieren. Hierzu gehören z. B. auch Kompromisse.

Die 4 Komponenten bzw. Schritte habe ich in diesem Falle aus der Sicht der Mutter beschrieben. Allerdings gelten sie für alle Beteiligten. Da Kinder aber diesen Prozess aufgrund ihrer Entwicklung, je nach Alter, noch gar nicht so gut begreifen können, geht es beim Gespräch oder in Situationen für die Eltern darum, was beide Beteiligten brauchen, was beide Beteiligten fühlen. Zwei erwachsene Gesprächspartner sind rein theoretisch in der Lage, jeweils für sich selbst den Prozess der 4 Komponenten zu durchlaufen. Weil Eltern aber Vorbild für ihre Kinder sind, lernen auch diese mit der Zeit die Regeln der GFK, sodass sie sie irgendwann intuitiv anwenden werden. Aktiv können Eltern dafür sorgen, dass Kinder über ihre Gefühle und Bedürfnisse nachdenken und sprechen, indem sie sich mit ihnen regelmäßig darüber austauschen.

Diese 4 Komponenten nach Rosenberg beziehen auf die Fähigkeit des Menschen zur Empathie für sich selbst und das Gegenüber. Es geht um das Zuhören, ohne über den anderen zu urteilen oder ihm die Verantwortung für sich selbst aus der Hand zu nehmen. Ohne ihm Ratschläge zu unterbreiten oder irgendetwas aufzuzwingen.
Marshall B. Rosenberg selbst kritisiert vor allem, dass der Mensch dazu neigt, nicht bei sich selbst zu bleiben, sondern immer mehr auf die Mitmenschen und die Umwelt zu beziehen. Man kann also sagen, dass bei der gewaltfreien Kommunikation jeder bei sich bleibt, wodurch es zu keinen Übergriffigkeiten kommt.

Kinder richtig loben und kritisieren

Es ist enorm wichtig, zu wissen, wie man was einem Kind (besonders einem hochsensiblen) gegenüber äußert. Lob und Kritik sind zwei große Bereiche der Kommunikation zwischen Eltern und Kind. Sie sind richtungsweisend.

Ich kann mein Kind zu viel, aber auch zu wenig, loben. Genauso kann ich es zu viel oder zu wenig kritisieren. Beides hat auf Dauer enorme Auswirkungen auf die emotionale Entwicklung des Kindes. Lobe ich es grundsätzlich zu viel oder kritisiere ich es zu wenig, entwickelt es tendenziell eine unrealistische Einschätzung seiner Stärken. Lobe ich es grundsätzlich zu wenig oder kritisiere ich es zu viel, sorgt das eher für ein instabiles Selbstbewusstsein. Deshalb braucht es eine gewisse Ausgewogenheit, immer der Situation passend. Bei zu viel Lob kann sich sogar eine Art ungesunde Abhängigkeit entwickeln, in der das Kind sich nur noch anstrengt, um gelobt zu werden oder wenn es gelobt wird. Es knüpft dann seine Leistung an die Bedingung, dafür ein Lob zu bekommen.

Richtig loben

Aufrichtigkeit

Manche Eltern meinen es zu gut mit ihren Kindern und überhäufen sie mit Lob, häufig aber mit viel unehrlichem Lob. Besser ist es, ein Maß zu finden und dabei wirklich aufrichtig zu loben. Loben Sie also nur dann, wenn Sie es auch wirklich ernst meinen. Finden Sie beispielsweise ein Bild, das Ihr Kind gemalt hat, an sich eigentlich wirklich furchtbar, suchen Sie sich ein Detail heraus, das Sie zumindest ganz gut finden. Sagen Sie dann z. B.: "Die Sonne hat ein schönes leuchtendes Gelb und schöne lange Strahlen. Das hast du wirklich gut gemacht!"

Kinder, und vor allem hochsensible, merken es, wenn Sie Ihre Worte nicht ernst meinen.

Loben Sie keine Selbstverständlichkeiten und nicht jede Kleinigkeit

Hier geht es darum, dass Sie Ihr Kind nicht für jede Kleinigkeit oder Leistungen, die es schon lange kann, loben. So beispielsweise ein Kindergartenkind dafür, dass es ein und dasselbe Steckpuzzle zum zehnten Mal geschafft hat.

Lieber für das loben, was tatsächlich das erste oder zweite Mal erst so richtig geklappt hat.
Worüber Sie sich tatsächlich freuen. Ebenso wenn es von selbst aktiv zu Ihnen kommt und Ihnen sein Werk, ob Bilder oder Bastelei, präsentiert. Genauso sollten Sie z. B. ein Kind, das schon lange seine Schuhe binden kann, nicht fürs Schuhbinden loben. Sonst verliert das Lob für Ihr Kind seine Glaubwürdigkeit und sinkt im Wert. Sobald Sie nämlich dauernd Banalitäten loben, signalisieren Sie Ihrem Kind, dass Sie schon mit wenig zufrieden sind und ihm somit nicht viel zutrauen. Das nagt am Selbstvertrauen des Kindes.

Gehen Sie ins Detail

Zeigen Sie ehrliches Interesse, indem Sie auf Details der Leistung eingehen. Ein pauschales "Das hast du gut gemacht!", "Super!", "Toll!" ist nicht aussagend genug. Hat Ihr Kind beispielsweise ein Bild gemalt, loben Sie nicht nur das Bild oder ein Detail, sondern gehen Sie in ein kurzes Gespräch darüber. Fragen Sie, wie es auf die Idee kam oder sprechen Sie über die Szene, die das Bild darstellt.

Reagieren Sie hingegen jedes Mal mit den gleichen pauschalen Aussagen, nutzt sich Ihr Lob ab. Das Kind gewöhnt sich somit an das Lob in negativer Hinsicht, sodass es seine positive Wirkung verliert.

Detailliertes Lob hört sich jedes Mal anders an und behält somit seine Qualität. Beschäftigen Sie sich also ein wenig eingehender mit der Leistung des Kindes und fertigen Sie sie nicht nur ab.

Sehen Sie auch die Leistung, nicht nur das Ergebnis

Dass nicht immer alles klappt und dass man nicht alles gut können muss, sollte ein Kind ebenfalls lernen. Deshalb ist es sinnvoll, sich bei Lob auch auf die Leistung hinter dem Ergebnis, egal wie dieses auch ausfallen mag, zu beziehen. Machen Sie sich bewusst, wie das Kind sich dafür angestrengt hat. Vielleicht hat es nicht auf das Treppchen beim Sportwettkampf geschafft, und dennoch kann man die Leistung dahinter loben. Immerhin hat es hart trainiert, und das ist viel wert. Loben Sie seine Mühen und machen Sie ihm klar, dass das nicht schlimm ist und es es das nächstes Mal nochmal versuchen soll.

Aber auch wenn etwas gut geklappt hat, sollte das Augenmerk auch auf die Leistung dahinter gelegt werden. Das schöne Bild ist das Ergebnis, der Prozess, wie das Bild entstanden ist, ist die Leistung. “Da hast du dir aber richtig Mühe gegeben. So viele verschiedene Farben. Die hast du gut ausgesucht!”

Richtig kritisieren

Bewahren Sie Ruhe und bleiben Sie bei der Sache

Kritisieren Sie nicht in akuten Situationen wie Bockigkeit oder Wutanfälle. Das ist Voraussetzung dafür, dass Sie wirklich Ruhe bewahren und sachlich bleiben können. Außerdem kommt Kritik in solchen Situationen meist nicht beim Kind an, weil es noch so emotionsgeladen ist. Warten Sie also in dem Falle mit Ihrer Kritik, bis wieder Ruhe eingekehrt ist. Sprechen Sie das Thema dann noch mal an. Denken Sie dabei immer daran, dass Sie nicht das Kind selbst (als Person), sondern sein Verhalten (also die Sache), kritisieren. Dieser Gedanke hilft Ihnen auch dabei, rational zu bleiben.

Generalisieren Sie nicht

Vermeiden Sie totale Worte wie "immer", "dauernd", "Jedes Mal", "Ewig", "Nur", "Nie", etc... Diese leiten Sie weg von der Sache und hin zur Kritik an des Kindes Person. Damit machen Sie die Kritik zum persönlichen Angriff. Und wenn sich jemand, in dem Falle das Kind, angegriffen fühlt, muss mit Gegenwehr oder Dichtmachen gerechnet werden.

Das soll aber vermieden werden, das Kind soll offen für die Kritik bleiben und daraus etwas für die Zukunft ziehen. Daraus lernen.

Teilen Sie mit, wie sie sich “dabei” fühlen

Dadurch bleiben Sie bei sich und können Ihren Gefühlen dennoch, auf positive Weise, Ausdruck verschaffen. Die ungesunde Variante davon wäre der Gefühlsausbruch, der ja durch die ruhige Situation vermieden werden soll. Gleichzeitig geben Sie dem Kind die Chance, sich in Sie hineinzuversetzen und Ihren Standpunkt besser zu verstehen. Auch so können Sie das Kind für Ihr Anliegen öffnen.

Vermeiden Sie Vorwürfe

Zeigen Sie bloß nicht mit dem Finger, auch nicht mit dem sinnbildlichen, auf Ihr Kind. Vermeiden Sie Sätze, die mit “Du …!” beginnen und verbinden Sie ein “Du”, “Dich” oder “Dein” immer mit einer Aussage über Ihr Empfinden darüber. “Ich werde dann selbst wütend, wenn du dich so verhältst.

Dabei möchte ich das gar nicht sein!" Mit solchen Sätzen stellen Sie eine positive emotionale Verbindung her, weil das Kind sich verstanden fühlt. Gleichzeitig wird durch das "Du" aber auch klar, dass es um sein Verhalten geht.

Sagen Sie abschließend, was Sie sich von dem Kind wünschen

Dem Kind klarzumachen, was es falsch gemacht hat, ist die eine Sache. Die andere ist, ihm eine mögliche alternative Handlung an die Hand zu geben. Das Kind kann ja nicht wissen, was Sie von ihm wollen, wenn Sie es ihm nicht sagen. Teilen Sie ihm also abschließend mit, was Sie sich von ihm das nächste Mal wünschen würden. Dabei bleiben Sie wieder bei sich und stellen keine Forderungen. Sie wünschen es sich, und in der Regel wollen Kinder es ihren Eltern ja recht machen.

Vergessen Sie nicht die Qualitäten des Kindes

Bei aller Kritik ist es wichtig, die positiven Verhaltensweisen und Eigenschaften Ihres Kindes nicht zu vergessen. Indem Sie sich dies vor jeder Kritik aktiv bewusst machen, unterstützen Sie das Vorhaben, die Sache und nicht das Kind an sich zu kritisieren.

Außerdem:

Wenn Ihr Kind während Sie es kritisieren lächelt oder grinst, muss das nicht gleich respektlos oder frech sein. Lächeln oder Grinsen ist oft ein Zeichen von Unsicherheit oder Verlegenheit, und die ist bei Kritik nicht weit hergeholt. Genauso kann es natürlich sein, dass es trotz aller Vorsicht und trotz Einhalten der oben genannten Punkte beleidigt reagiert und schmollt. Lassen Sie sich davon aber nicht entmutigen. Warten Sie erstmal ab, denn das bedeutet noch nicht, dass die Kritik nicht gefruchtet hat. Denn auch das Schmollen kann ein Zeichen von Unsicherheit sein.

Scheuen Sie sich dennoch nicht davor, auch kritisch über Ihr eigenes Empfinden nachzudenken. Wenn ein Kind lächelt oder grinst, während Sie es kritisieren, kann es tatsächlich auch sein, dass Sie gerade etwas überreagieren und die Situation doch nicht so tragisch ist, wie Sie es im Moment empfinden und äußern.

Tipps für ein entspanntes Familienleben

Besonders hochsensible Kinder sind auf eine ruhige und entspannte Atmosphäre zu Hause angewiesen. Sie brauchen diesen Ort, um runterzukommen und sich zu erholen. Deshalb habe ich hier einige Tipps zusammengefasst, die ein entspanntes Familienleben garantieren.

Auch mal NEIN sagen und flexibel sein

Vor allem in der heutigen Leistungsgesellschaft entsteht bei Eltern oft das Gefühl, sie müssten auf mehreren Hochzeiten gleichzeitig tanzen. Arzttermin hier, Schulfeier da. Verabredung mit der Freundin hier, Kinder da. Fußballspiel des Kindes hier, Geburtstagsfeier von Bekanntem da.

Überall lauern vermeintliche Verpflichtungen, die man sich teilweise selbst aufbürgt. Überdenken Sie doch nochmal, ob Sie wirklich unbedingt zu dieser Geburtstagsfeier müssen, wenn genau an dem Tag das Fußballspiel ihres Kindes ist. Ich meine, das ist doch Grund genug, beim Geburtstagskind, also dem Bekannten, abzusagen. Und selbst wenn Ihre Mutter oder Ihr Vater Geburtstag haben, lässt sich das Ganze bestimmt so einrichten, dass Sie Geburtstag und Fußballspiel wahrnehmen können, ohne sich selbst zu überfordern.

Das Fußballspiel ist mittags um 15 Uhr, der Geburtstag beginnt aber um 17 Uhr? Dann sagen Sie doch einfach, Sie kommen erst um 19:00 Uhr.

Sie müssen ja nicht von Anfang bis Ende dabei sein. Schaffen Sie sich Luft zwischen den Terminen oder sagen Sie einen einfach ab. Sie können ja nicht überall dabei sein. Setzen Sie Prioritäten und stellen Sie weniger Wichtiges hinten an. Die Kinder gehen dabei natürlich vor.

Natürlich ist das nicht einfach, denn man fühlt sich ja nicht nur den Kindern, sondern auch anderen Mitmenschen irgendwie verpflichtet. Wenn Sie z. B. alleinerziehende Mutter eines Kleinkindes sind, sich mit einer Freundin zum Kaffee verabredet haben, Ihr Babysitter aber kurzfristig abgesagt hat, befinden Sie sich in einer Bredouille. Jetzt gibt es Mütter, die Himmel und Hölle in Bewegung setzen und sich den Stress machen, alle möglichen Leute Zwecks der Betreuung des Kindes anzurufen, um sich dann in letzter Minute noch auf den Weg ins Café zu machen. Nur weil sie sich der Freundin verpflichtet fühlen. In solchen Situationen wäre es besser und wesentlich weniger stressig, der Freundin einfach anzurufen und den Termin zu verschieben. Wenn Sie ihr Ihre Gründe schildern, wird sie das sicher verstehen. Eine andere Möglichkeit wäre, dass die Freundin zu Ihnen nach Hause kommt und Sie da den Kaffee trinken. Es gibt immer eine Lösung, die weniger Stress bedeutet.

Wenn Sie sich also das nächste Mal in einer solchen Bredouille befinden, dann besinnen Sie sich einmal kurz und fragen Sie sich, ob es nicht möglich ist, einen Termin zu verschieben, abzusagen oder umzustrukturieren. Überlegen Sie sich, welcher Weg für Sie der weniger stressige wäre und gehen sie diesen dann auch. Das macht Ihren Alltag und somit auch den Alltag Ihrer Familie entspannter.

Wenn es mal eng wird, sollten Sie sich auch Gedanken darüber machen, ob Saugen oder Staubwischen unbedingt am heutigen Tage noch erledigt werden muss oder ob das nicht auch noch Zeit bis morgen hat. Häufig sind Dinge, die wir im Haushalt erledigen müssen, an sich nicht dringend. Sie könnten theoretisch auch am nächsten Tag oder erst in zwei Tagen erledigt werden. Dahinter steckt oft dieses “Es könnte ja Besuch kommen” oder “Ich fühle mich nicht wohl, wenn nicht alles blitzeblank ist”. Das Perfektionsstreben der Gesellschaft spiegelt sich also auch hier wider. Lassen Sie das nicht so sehr zu.

Vermeiden Sie Hektik → Planung ist alles

Hektik führt zwangsläufig zu Stress. Sie ist quasi eine Vorstufe von Stress. Planen Sie alles, was Sie planen können, schon so früh wie möglich in Ihrem Terminkalender. Haben Sie einen solchen nicht, sollten Sie ihn sich zulegen.

Setzen Sie sich am Anfang jeden Jahres hin und tragen Sie alle bereits bekannten und festgelegten Termine in diesen ein (es gibt wunderbare Familienkalender mit Spalten für mehrere Familienmitglieder). Um diese herum planen Sie dann Ihren restlichen Alltag. Sobald Ihnen ein weiterer Termin bekannt ist, kommt der auch in den Kalender. Dadurch vermeiden Sie Hektik am besten. Feiertage, Besuche, Geburtstage, Elternabende, Feiern, Veranstaltungen, Arzttermine, etc… Falls es an manchen Tagen dann doch zu spontanen Veränderungen kommt, dann gehen Sie zum vorherigen Tipp über und passen den Terminkalender entsprechend an. So, dass Sie eben nicht in Hektik und Stress geraten, sondern sogar noch Luft zum Durchatmen haben.

Richten Sie sich täglich Inseln ein

Körper und Seele brauchen unbedingt einen Ausgleich zum stressigen Alltag. Sie müssen zur Ruhe kommen und Kraft tanken können. Inmitten der Termine und Verpflichtungen, denen Eltern nun mal ausgesetzt sind, ist das nicht leicht zu finden. Doch es geht!

Richten Sie sich pro Tag eine halbe Stunde ein, in der Sie nur für sich allein sind und sich entspannen können. Lesen Sie dann ein Buch oder meditieren Sie. Hören Sie sich ein Hörbuch an oder machen Sie einfach nur die Augen zu.

Sie können beispielsweise auch eine Traumreise mittels einer CD oder Audiodatei machen. Tun Sie, was Ihnen guttut. Tun Sie das, was Sie runterbringt und entspannt.

Eine halbe Stunde hört sich zwar viel an, ist aber gut möglich. Ein Baby schläft auch mal, ein Kleinkind ist auch mal im Kindergarten, ein Schulkind in der Schule. Treffen bei Ihnen nun Arbeit und das Ende von Schule oder Kindergarten aufeinander, nutzen Sie abends die Zeit, wenn die Kinder im Bett sind. Eine halbe Stunde lässt sich immer irgendwie freischaufeln. Man muss es nur wollen.

Aber Achtung: Fernseher und andere moderne Medien gehören nicht dazu. Sie entspannen nämlich nicht, sondern strengen vielmehr an.

Achtsamkeit und Entschleunigung

Wenn Sie merken, dass Sie unter Hochdruck stehen, achten Sie mal darauf, wie Ihr Körper und Ihre Gedanken reagieren. Sie werden feststellen: Der Puls geht nach oben, die Gedanken werden immer schneller, ebenso Atmung und Bewegungsabläufe. Körperlicher Stress und Gedanken wirken sich sogleich auf das seelische Befinden aus. Das kann nicht gut für die Gesundheit sein, und schon gar nicht für die Atmosphäre zu Hause.

Sobald Sie es also merken, halten Sie inne und schalten Sie bewusst einen Gang herunter. Nehmen Sie Tempo heraus. Sprechen Sie bewusst langsamer, atmen Sie tiefer ein und langsamer aus. Beobachten Sie Ihre Bewegungen. Schon bald werden Sie merken, dass es Ihnen immer leichter fällt, entspannt und gelassen mit mehr innerer Ruhe den Alltag zu meistern.

Konflikte schnellstmöglich lösen oder abhaken

Dass es in einer Familie auch mal Streit und dicke Luft gibt, ist ganz klar. Das ist zwischen Menschen, die eine enge emotionale Verbindung haben, ebenso. Doch hier ist es besonders wichtig, im Raum stehende oder gar unausgesprochene Konflikte schnellstmöglich anzusprechen und zu lösen.

Häufig kracht es und die Beteiligten ziehen sich schmollend oder verletzt zurück. Bleibt es dabei, schwelt der Konflikt weiter in der Luft und verpestet das Familienleben. Deshalb ist es wichtig, zeitnah an der Lösung des Problems zu arbeiten.

Am besten ist es, wenn Sie sich dann alle zusammensetzen und offen über Ihre Gefühle diesbezüglich sprechen. Gehen Sie als Eltern mit gutem Beispiel voran und berufen Sie eine Familienkonferenz ein.

Sprechen Sie dann Ihre Gefühle zuerst an, um das Eis zu brechen. Versuchen Sie, ein solches Gespräch nie ohne Lösung oder Versöhnung zu verlassen.

Lassen Sie sich helfen

Es klingt so einfach, ist es aber leider oft nicht. Ihnen muss klar sein, dass Sie nicht alleine sind. Dass es viele gibt, die Ihnen bei diesem und jenem helfen können. So sind nicht nur Sie für den Haushalt zuständig, sondern können sich die Aufgaben mit den anderen Familienmitgliedern teilen. Auch Kleinkinder können im Haushalt schon helfen. Zwar mit Betreuung, aber sie können es.

Älteren Kindern können Sie das Ausräumen der Spülmaschine, das Saugen, das Wäsche zusammensuchen oder das Aufräumen teilweise überlassen. Jugendlichen sowieso. Natürlich können Sie da ein Auge draufhaben, aber an sich sind das keine besonders schwierigen Tätigkeiten. Die kann man lernen. Zwar werden die Ergebnisse nicht so perfekt sein, wie Sie sich das vielleicht vorstellen, aber das muss es ja nicht sein.

Vermeiden Sie es auf jeden Fall, dem Kind vor seinen Augen hinterher zu putzen. Das birgt immer Potential für Konflikte, weil das Kind sich eventuell kritisiert fühlt.

Sehen Sie noch groben Staub und Dreck nach dem Saugen, dann sprechen Sie das in Form einer Bitte an: “Ich habe da noch eine sehr staubige Stelle gesehen und würde dich bitten, das noch kurz wegzumachen. Ansonsten: Gut gemacht. Danke für die Hilfe!”

Und da wäre natürlich auch noch der Partner, der Aufgaben übernehmen könnte.

Am besten ist es, wenn Sie sich mit der ganzen Familie an einen Tisch setzen und auf einem großen Plakat eine Art Haushaltsplan entwerfen. Ordnen Sie gemeinsam darin jedem Familienmitglied, einschließlich sich selbst, feste Aufgaben für die Woche zu. Lassen Sie die Kinder dabei ein Wörtchen mitreden. Immerhin geht es auch darum, was sie in Zukunft für Aufgaben zu erledigen haben werden. Diesen Plan können die Kinder vielleicht sogar noch schön und nach ihren Vorstellungen farbig gestalten. Hängen Sie das Plakat dann an eine für alle gut sichtbare Stelle. Stellen Sie auch sicher, dass Ihre Kinder verstehen, warum dieser Plan und dass sie sich daran halten so wichtig für Sie ist. Dass Ihnen das sonst zu viel wird und Ihnen das nicht guttut. Dass Sie ja (vielleicht) auch noch viele andere Aufgaben haben, die Zeit und Kraft brauchen. Außerdem bietet ein solcher Plan Kindern die Möglichkeit, sich zu beweisen und stolz auf sich zu sein. Das stärkt ihr Selbstbewusstsein.

Des Weiteren können Sie ruhig mal Verwandte oder Freunde für die Kinderbetreuung anfragen, wenn es einmal einen Engpass gibt und kein Babysitter zur Verfügung steht. Die grundsätzliche Botschaft ist: Nehmen Sie Hilfe an!

Denken Sie positiv

Okay, das ist nun echt ne alte Leier. "Du musst positiv denken". Aber diese Leier macht durchaus Sinn. Gedanken wie "Das klappt doch nie", "Ich schaffe das nicht", "Heute geht wieder alles schief" lösen nichts als Stress aus und demotivieren. Dadurch bewirken Sie nur, dass es wirklich nicht klappt, dass Sie es wirklich nicht schaffen und dass tatsächlich wieder alles schiefgeht. Das nennt sich "selbsterfüllende Prophezeiung". Außerdem nehmen wir Aufgaben durch diese Gedanken als Bedrohung wahr und stressen uns somit noch mehr.

Überlegen Sie sich, welche negativen Gedanken Sie so typischerweise haben und deuten Sie sie um:

"Das klappt doch nie!" oder "Ich schaffe das nicht!"
→ "Das wird vielleicht nicht leicht, aber werde ich schon hinbekommen!"

"Heute geht wieder alles schief!" → "Heute Morgen hatte ich ein wenig Pech, aber der restliche Tag wird besser!"

Versuchen Sie, Ihre negativen Gedanken so oft es geht, abzufangen und zu überdenken. Deuten Sie sie bewusst in mögliche positive Formulierungen um. Somit motivieren Sie sich und strahlen eine positive Stimmung aus. Das färbt auf das Familienleben und somit auch auf Ihre Kinder ab.

Gemeinsam leben und lachen

Lachen schlägt positive emotionale Brücken und wird nicht umsonst umgangssprachlich als "die beste Medizin" bezeichnet. Lachen entspannt, befreit und macht uns glücklich. Und wenn wir es gemeinsam tun, stecken wir uns auch noch gegenseitig damit an. In dem Moment, in dem Menschen zusammen lachen, verbindet sie nichts Negatives. Selbst nach einem Streit vermag das Lachen alles vorher Ernste zu relativieren. Zumindest für diesen Moment. Aber auch darüber hinaus hilft es uns, die Dinge weniger schwer zu nehmen.

Versuchen Sie, so oft wie möglich einfach nur Spaß gemeinsam mit Ihren Kindern zu haben. Ob das nun ein heiteres Gespräch am Esstisch oder ein lustiger Film am Abend ist (oder was auch immer), sei dabei völlig Ihnen überlassen. Natürlich sollten Sie einen solchen Moment aber nicht erzwingen. Der muss entstehen. Aber strecken Sie Ihre Fühler aus und ergreifen Sie jeden Moment, der sich Ihnen bietet.

Niemand ist perfekt

Perfektionismus ist nichts anderes als eine Dauerschleife aus "Ich will und muss alles richtig machen" und "Ich schaffe das aber nie". Diese stellt eine Dauerbelastung dar, die sich immer wieder selbst anfeuert. Ein Teufelskreis also. Immer wieder kommen so Situationen zustande, in denen die Erfahrung gemacht wird, versagt zu haben. Weil eben die eigenen Ansprüche nicht erreicht wurden. Allerdings ist ja die Krux bei der ganzen Sache. Perfektionismus ist eine Utopie, sie ist ein Wunschzustand, der natürlicherweise nie erreicht werden kann. Der Mensch kann einfach nicht perfekt sein, und das soll er auch nicht.

Machen Sie sich klar, dass Sie, genau wie Ihr Kind, ein Mensch sind. Ja, Sie sind Mutter oder Vater, und ja, Sie haben Kinder, und ja, Sie haben gewisse Pflichten. Aber Sie sind auch Mensch, und es liegt in seiner Natur, dass er nicht perfekt ist.

Das müssen Sie sich immer wieder ins Bewusstsein rufen. Seien Sie sich auch bewusst darüber, dass es einen viel erstrebenswerteren Zustand gibt, als perfekt zu sein. Nämlich der, entspannt, gelassen und entlastet zu sein. Frei zu sein.

Umgang mit Gefühlen für Eltern und Kinder

Sowohl für Eltern als auch für (hochsensible) Kinder, ist es von enormer Wichtigkeit, mit ihren Gefühlen umzugehen zu lernen. Bei Eltern vor allem für den Umgang mit ihrem Kind, bei hochsensiblen Kindern vor allem für den Umgang mit sich selbst und den Eindrücken, die auf es einprasseln. Viel Leid und viele Konflikte können somit verhindert, ein harmonisches Familienleben ermöglicht, werden.

Emotionsregulation für Eltern

Anhand eines Beispiels möchte ich dieses Thema behandeln: Lara ist 8 Jahre alt und kam gerade erst von der Schule. Sie scheint genervt und unzufrieden, mäkelt am Essen herum, gibt nur patzige Antworten und weigert sich, ihre Hausaufgaben zu machen. Es brodelt die Stimmung und die Zeichen stehen auf Eskalation.

1. Identifizieren Sie Ihr Gefühl

Spüren Sie in sich hinein und versuchen Sie, das Gefühl zu erkennen, das gerade in Ihnen hochkommt. Ist es nur Ärger oder Genervtheit, ist es richtige Wut, ist es Traurigkeit oder Enttäuschung?!

2. Beobachten Sie die Situation

Sobald Sie das Gefühl identifiziert haben, wechseln Sie in den Beobachtungsmodus und damit von der Emotionsebene auf die rationale Ebene. Versuchen Sie, die Situation in Gedanken so nüchtern wie möglich zu analysieren. Lara sitzt also am Tisch und mäkelt am Essen herum und gibt patzige Antworten. Das sind erst einmal die Tatsachen, die Sie zur Kenntnis nehmen.

3. Analysieren Sie Ihre Gefühle

Sie bleiben auf der rationalen Ebene und werfen nur einen Blick auf Ihre Gefühle. Atmen Sie dabei gleichmäßig und tief. Analysieren Sie die genauen Hintergründe und Auslöser dieser Gefühle. Sie sind nicht nur genervt oder verärgert, sondern richtig wütend? Fragen Sie sich, warum das so ist. Fragen Sie sich, ob Laras Verhalten diese emotionale Reaktion wirklich rechtfertigt, oder ob da nicht doch noch etwas anderes dahintersteckt. An welchem Punkt begann der Ärger in Wut umzuschlagen?

Wenn es beispielsweise der Punkt war, an dem Lara damit begann, am Essen herumzumäkeln, sollten Sie hier weiter analysieren. Das Mäkeln war nur der Auslöser, aber nicht die Ursache. Vielleicht steckt hinter der Wut ja auch Enttäuschung. Sie haben sich so viel Mühe gegeben, dieses Essen trotz des ganzen Stresses heute Morgen zu zaubern und bekommen jetzt von Ihrem Kind einen Tritt in den Hintern dafür. Das tut weh, enttäuscht und kann auch Wut verursachen. Weil genau dieses Verhalten von Lara der Tropfen war, der das Fass voller Stress und Bemühungen zum Überlaufen gebracht hat.

So oder so ähnlich könnte ein solcher Analyseprozess aussehen.

4. Versetzen Sie sich in das Kind

Bei der Interaktion zwischen zwei Menschen, in dem Falle Elternteil und Kind, stehen sich immer zwei verschiedene Welten gegenüber. Wenn wir die Situation dahingehend verändern möchten, nicht mehr so enttäuscht und wütend zu reagieren, sondern vielmehr etwas an der Situation zu ändern, hilft es, uns zunächst in die Welt des anderen hineinzuversetzen. Wir betrachten die Situation diesmal aus seiner Position heraus. Versuchen, seine Gefühle hinter seinem Verhalten zu verstehen.

Lara ist nach der Schule schlecht gelaunt. Irgendwas muss sie dort gestresst haben. Nun kommt sie nach Hause und will sich eigentlich nur in ihr Zimmer zurückziehen. Doch sie muss noch hierbleiben, zum gemeinsamen Mittagessen. Dabei will sie doch nur allein sein. Ihrem Frust muss sie irgendwie Platz machen und beginnt, am Essen herum zu mäkeln. Weil sich das beim Essen nun mal anbietet. Und dann versucht diese/r nervige Mutter/Vater auch noch die ganze Zeit, sie in ein Gespräch zu verwickeln. Dabei will sie doch einfach nur in Ruhe gelassen werden. Dem Ganzen wird noch die Krone aufgesetzt, indem Forderungen gestellt werden, wie die, dass sie jetzt ihre Hausaufgaben machen soll. Aber es reicht ihr einfach. Sie verweigert sich.

Aus Sicht des Kindes eine völlig verständliche Reaktion, aber in der Welt des Elternteils gerade nicht verständlich. Und dafür, dass sie verständlich wird, muss die eigene Welt kurz verlassen werden, um sich in die des anderen hineinzuversetzen. Somit entwickelt er Verständnis für den anderen und seine Situation. Dieses Verständnis hilft ihm dabei, seine eigenen Gefühle zu kontrollieren, weil das Verhalten des anderen auch in seiner Welt plötzlich Sinn ergibt.

Wie Kinder lernen können, mit ihren Gefühlen umzugehen

Gefühle erkennen und benennen

Für Kleinkinder

Dabei geht es darum, dem Kind einen kleinen Anstoß zu geben. Es quasi auf seine Gefühle hinzuweisen, indem man ihm mitteilt, was man glaubt, dass es gerade fühlt. Besonders kleine Kinder können ihre Gefühle noch nicht benennen, weshalb in der Aufgabe der Eltern liegt, es dahingehend zu begleiten. Sprechen Sie es also auf das von Ihnen vermutete oder beobachtete Gefühl an. Damit spiegeln Sie ihm dieses und geben ihm eine Bezeichnung für das, was es fühlt.

Beispiele:

Jans (4) Eltern sind mit ihm im Zoo und er hüpft wild hin und her, lacht dabei. Er rennt von einem Gehege zum anderen. Mama oder Papa sollte ihn ansprechen: “Du bist ganz schön aufgeregt und freust dich über die Tiere!”

Dennis ist 3 Jahre alt und seine kleine Schwester Lilly hat ihm soeben sein Meisterwerk aus Bausteinen zerstört. Er fängt an, bitterlich zu weinen. Mama oder Papa sollte ihn beruhigend ansprechen: “Du bist ganz traurig, weil die Lilly deinen Turm kaputt gemacht hat!”

Die 3 - jährige Elena wird gerade von ihrer Mutter vom Kindergarten abgeholt. Die Kleine zieht ein Gesicht wie 7 Tage Regenwetter, obwohl sie am Morgen bei der Abgabe noch der strahlende Sonnenschein war. Im Auto schmollt sie auf dem Rücksitz. Ihre Mutter sollte sie nun ansprechen: “Du bist nicht so gut drauf, weil etwas im Kindergarten passiert ist!”

Oft kommen dann sogar Antworten wie Zustimmung oder Verneinung. Kopfnicken oder Kopfschütteln. Immerhin vermuten Sie als Elternteil ja nur, was das Kind fühlt.

Auch wenn sich das anfangs vielleicht komisch anfühlt, hilft es den Kindern, ihre Gefühle einzuordnen, zu benennen und zu verarbeiten.

Für Schulkinder

Sprechen Sie Schulkinder am besten direkt darauf an, wenn Sie merken, dass etwas mit ihnen nicht stimmt.

Suchen Sie das ruhige Gespräch und beginnen Sie mit Ihrem eigenen Gefühl: “Ich mache mir ein bisschen Sorgen um dich, weil ich merke, dass es dir nicht gut geht. Wie fühlst du dich denn?”

Akzeptieren Sie es aber auch, wenn das Kind jetzt nicht darüber sprechen möchte. Vermitteln Sie ihm nur, dass es jederzeit mit allem zu Ihnen kommen kann.

Gefühle regulieren

Nach Silkenbeumer und Kollegen (2016) gibt es 4 Arten, auf die Gefühle reguliert werden können:

1. Ablenkung

   Hierzu zählt auch das Verlassen der entsprechenden Situation. Bei der Ablenkung wird allerdings das Gefühl nicht verarbeitet, sondern erst einmal nur weggeschoben, um Platz für andere, angenehmere, Gefühle zu schaffen. Es ist also wichtig, diese Art nur in Situationen anzuwenden, in der es gar nicht anders geht. Das Gefühl dann aber im Nachhinein zu verarbeiten, sollte es sich wieder bemerkbar machen.

Wird das Wegschieben von Gefühlen durch Ablenkung dauernd angewandt und werden die Gefühle lange Zeit nicht verarbeitet, stauen diese sich auf und füllen das sprichwörtliche Fass. Dann braucht es nur einen kleinen Tropfen und eine mächtige Flut an Gefühlen kann auf einmal nach oben schießen.

2. Neubewertung

   Die Situation, die das Gefühl auslöst oder ausgelöst hat, wird neu interpretiert und somit auch anders verarbeitet. Das kann sowohl vor, während, als auch nach, der Situation stattfinden. Wenn Sie beispielsweise Angst vor einer bestimmten bevorstehenden Situation haben, können Sie sie in Ihrer Vorstellung so interpretieren, dass Sie dem Ganzen noch etwas Positives abgewinnen können. Damit senken Sie Ihr Angstlevel.

3. Beruhigung

   Hierbei geht es darum, die Intensität des gerade vorherrschenden Gefühls zu senken. So beginnen manche Kinder damit, am Daumen zu lutschen oder sich in den Haaren herumzunesteln. Erwachsene fangen vielleicht an zu schimpfen, nehmen sich in den Arm oder beruhigen sich mit einem Hobby wie z. B. Singen.

4. Reaktionsmodulation

   Es wird das eigene Verhalten so angepasst, dass beispielsweise kein größerer Schaden entsteht. Wenn ein Kind jetzt z. B. enorm wütend ist, aber niemandem wehtun möchte, kann es sein Gefühl regulieren, indem es eine Alternativhandlung dem Ausrasten vorzieht. Es nutzt dann Methoden wie in ein Kissen schreien oder ein Plüschtier verprügeln.

Welche dieser 4 Strategien ein Kind nun bevorzugt anwendet, hängt vor allem von seinem Charaktertyp, seinem Temperament und Entwicklungsstand ab. Im Laufe seiner Entwicklung muss ein Kind diese Strategien zunächst kennenlernen, um sie anschließend nach und nach anwenden zu lernen.

Mit der sogenannten Koregulation können Sie Ihr Kind dabei unterstützen. Diese kann durch die Eltern, aber auch durch alle anderen Bezugspersonen, stattfinden. Laut Silkenbeumer und Kollegen gibt 3 Ebenen, auf der eine Koregulation möglich ist:

1. Die erwachsene **Bezugsperson übernimmt die Gefühlsregulation** für das Kind, indem Sie es auf den Arm nimmt, tröstet, ablenkt, etc… Diese Ebene findet vor allem bei Säuglingen und zum Teil noch bei Kleinkindern bis zum Kindergartenalter statt.
2. Das Kind **wird von der Bezugsperson** bei der Gefühlsregulation **angeleitet**, indem sie ihm vorschlägt, wie es sich ablenken, trösten oder verhalten

könnte, um mit seinen Gefühlen zurechtzukommen. So kann sie z. B. dem Kind vorschlagen, dass es seine Wut an einem Kissen oder einem Boxsack auslassen könnte, statt wild um sich zu schlagen. Dass es, wenn es traurig ist, mit seinem Kuschel - oder Haustier kuscheln kann.

3. Das **Kind wird** von der Bezugsperson **ermutigt, selbst Strategien zu finden**, die ihm bei der Gefühlsregulation helfen. Der Prozess wird dabei nur angeregt, etwa mit den Worten "Was könntest du jetzt tun?" oder "Was würde dir denn jetzt helfen?"

Mit zunehmendem Alter und somit Entwicklungsstand sollte die Koregulation nacheinander von Ebene 1 zu Ebene 3 stattfinden. Spätestens auf dem Entwicklungsstand eines Grundschülers, also etwa im Alter von 6 oder 7, sollte ein Kind mehr oder weniger zu Ebene 3 in der Lage sein. Mit der Koregulation schaffen Sie eine Grundlage dafür, dass das Kind selbst Strategien zur Gefühlsregulation findet, sodass es irgendwann, etwa in der Pubertät ganz ohne Koregulation auskommt. Auf allen 3 Ebenen ist es wichtig, dass Sie immer wieder mit Ihrem Kind über seine Gefühle und deren Regulation sprechen. Mit einem Baby ist zwar kein Gespräch möglich, jedoch nonverbale Kommunikation. Lächeln Sie zurück, wenn es Sie anlächelt. Zeigen Sie durch Ihren Gesichtsausdruck Ihr Mitgefühl, wenn es weint.

Ziel ist es, dass das Kind mit zunehmendem Alter immer weniger die Strategien der Ablenkung und Beruhigung braucht und immer mehr dazu in der Lage ist, konstruktive Alternativhandlungen einzusetzen.

Vor allem ab dem Teenageralter ist das besonders wichtig für das soziale Miteinander.

Des Weiteren ist es wichtig, dass die Bezugspersonen jedes einzelne Gefühl des Kindes ernst nehmen. Niemals sollte ihm vermittelt werden, dass seine Gefühle falsch sind, denn so fördern Sie, dass es beginnt, seine Gefühle zu unterdrücken. Vermeiden Sie also Aussagen wie "Stell dich nicht so an!", "So schlimm ist es ja nun auch wieder nicht!" oder ähnliche. Das Kind hat in dem Moment Grund genug, so zu fühlen, und das sollte nicht kritisiert oder relativiert werden. Schließlich kann es ja nichts für seine Gefühle.

Allerdings kann und sollte man sehr wohl, wenn nötig, das Verhalten eines Kindes kritisieren. Das Gefühl an sich ist das Eine, das Verhalten darauf das Andere. Wenn ein Kind wütend ist und Ihnen Beleidigungen ins Gesicht brüllt, sollten Sie sich stets klarmachen: Das Gefühl ist in Ordnung, das Verhalten nicht. So könnten Sie entgegnen: "Ich verstehe deine Wut, und es ist in Ordnung, dass du wütend bist. Aber ich möchte nicht beleidigt oder angeschrien werden. Du darfst wütend sein, aber du darfst dich nicht so verhalten!" Schlagen Sie ihm dann Alternativhandlungen vor, wenn es selbst nicht darauf kommt. Ist es allerdings aufgrund des emotionsgeladenen Zustandes emotional nicht erreichbar, sollten Sie das Kind möglichst in Ruhe lassen und später mit ihm zusammen sein Verhalten reflektieren.

7 Anti-Stress-Tipps für Kinder

Da es besonders für hochsensible Kinder schwer ist, mit Stress umzugehen, sollten sie unbedingt diesbezüglich Strategien an die Hand bekommen. Um Stress vorzubeugen oder akuten Stress besser aushalten zu können, gibt es hier nun 7 Tipps gegen Stress bei Kindern:

1. Regelmäßige Entspannungsübungen

   Sie sorgen für etwas Ruhe und geben dem Gehirn Zeit, erlebte Eindrücke zu verarbeiten. Besonders vor dem Schlafengehen eignen sich solche Entspannungsübungen. Hier möchte ich Ihnen einmal 3 Entspannungsübungen für Kinder vorstellen:

   Atemübung mit Grimassen

   Dabei setzt oder legt sich das Kind bequem hin und hält sich die Hände vors Gesicht, dabei hat es die Augen geschlossen. Dann atmet es tief sein, sodass sich der nach Außen wölbt. Die Luft wird so für ein paar Sekunden angehalten und anschließend langsam wieder ausgeatmet. Während des Ausatmens soll es sich an ein schönes Erlebnis erinnern. Diese Erlebnisse können auch vorher besprochen werden, sodass das Kind weiß, an was es sich erinnern möchte.

Dieser Prozess wird dreimal durchgeführt, mit 3 verschiedenen Erlebnissen. Dann darf das Kind hinter den Händen beliebig Grimassen ziehen. Durch diese Übung wird nicht nur das Gesicht, sondern auch Geist und Seele gelockert und entspannt.

Bäumchen rüttle und schüttele dich

Diese Übung eignet sich besonders für zappelige Kinder, die einen besonders hohen Bewegungsdrang haben.

Das Kind stellt sich hin, lässt Schultern und Arme locker hängen und hüpft für eine Minute ebenso locker auf der Stelle. Dabei werden vor allem die Arme richtig durchgeschüttelt. Anschließend bleibt das Kind ruhig stehen und rollt die Schulter für 20 Sekunden nach hinten und für 20 Sekunden nach vorne. Nun kommt wieder eine Minute Hüpfen und Schütteln. Danach wird der Kopf für 20 Sekunden langsam von links nach rechts und von rechts nach links geneigt. Abgeschlossen wird die Übung mit erneutem Schütteln und Hüpfen für eine Minute. So konnte sich das Kind zugleich auspowern und entspannen.

Fantasie- bzw. Traumreisen

Im Internet gibt es viele Texte zu Traumreisen, auch für Kinder. Stellen Sie eine Sammlung zusammen, aus denen Ihr Kind sich vor jeder Fantasiereise eine Geschichte aussuchen darf.

Für die Reise selbst legt sich das Kind bequem auf den Rücken, ins Bett oder auf das Sofa, und schließt die Augen. Erklären Sie ihm, dass es sich alles, was Sie erzählen, so genau wie möglich vorstellen soll und dass seiner Fantasie keine Grenzen gesetzt sind. Und dass beispielsweise auf Fragen nicht antworten soll. Tauchen Sie nun in die Geschichte ein…

2. Schaffen Sie gemeinsame Rituale

Gemeinsame Rituale geben einem Kind das Gefühl von Geborgenheit und Sicherheit. Sie erden und beruhigen, nicht nur das Kind. Dabei kann es sich um regelmäßige Film- oder Spielabende handeln, Märchenstunden, Tobezeit, Gespräche, Ausflüge, gemeinsame Hobbys…

3. Unternehmen Sie Spaziergänge

Die Bewegung an der frischen Luft sorgt für Stressabbau. Regelmäßige gemütliche Spaziergänge beruhigen und sind gut für das Gemüt. Dabei kann das Kind selbst entscheiden, ob es sich lieber gemütlich an Ihr Tempo hält, oder ob es sich etwas auspowern möchte und hin und wieder etwas vorprescht.
Vielleicht kommen Sie ja auch an einem Spielplatz vorbei und machen da einen kleinen Zwischenstopp.

4. Ein ruhiger Start in den Tag

Sorgen Sie dafür, dass am Morgen vor Schule oder Kindergarten genug Zeit für ein entspanntes, gemeinsames und ausgewogenes Frühstück ist. Vielleicht bedeutet das, früher aufzustehen, jedoch werden Sie alle schnell merken, wie sich das lohnt. Wir wissen, denke ich, alle, wie das ist, wenn der Tag schon stressig anfängt. Das ist meist kein gutes Zeichen. Deshalb ist es wichtig, gut in den Tag zu starten.
Ein ausgewogenes Frühstück gibt genügend Energie für den Tag und ist zudem gut für Körper und Gemüt. Ein entspannter Morgen prägt den Tag und programmiert Ruhe und Gelassenheit vor. Ein gemeinsames Frühstück erzeugt ein Gefühl von Geborgenheit und stärkt die emotionale Bindung zueinander.

5. Sorgen Sie für ein ausgeschlafenes Kind

Trotz des frühen Aufstehens für Schule oder Kindergarten ist es möglich, ausgeschlafen zu sein. Wer nicht genug schläft, der ist schnell gereizt, unkonzentriert und schneller im Stress.
Für Körper, Geist und Seele ist genügend Schlaf ein elementares Muss. Achten Sie also darauf, dass Kind früh genug ins Bett geht. Unterstützen Sie mit abendlichen Ritualen, die beruhigen und das Schlafengehen zu etwas Erstrebenswertem machen. Erklären Sie Ihrem Kind altersgerecht, warum genügend Schlaf so wichtig ist.

Laut Experten sollten Kinder von 1 bis 2 Jahren etwa 11 bis 14 Stunden, Kindergartenkinder etwa 10 bis 13 Stunden (inklusive Mittagsschlaf) und Schulkinder bis 12 Jahre ca. 9 bis 12 Stunden schlafen. Jugendliche zwischen 13 und 18 Jahren sollten etwa 8 bis 10 Stunden Schlaf bekommen.

6. Vermeiden Sie Leistungsdruck, so gut es geht

In der heutigen Gesellschaft mag das nicht einfach sein, jedoch ist es möglich. Auch Kinder stehen heutzutage unter einem enormen Leistungsdruck, vor allem in der Schule, teilweise sogar schon im Kindergarten.

Komplett fernhalten können Sie Ihr Kind vom Leistungsdruck nicht, jedoch können Sie ihn etwas abbauen. Wie das genau geht, erfahren Sie im Anschluss an diese 8 Tipps, wo ich näher auf das Thema Leistungsdruck eingehen werde.

7. Üben Sie mit dem Kind, seinen Blickwinkel zu verändern

Häufig empfinden wir Dinge als Stress, weil wir sie aus einem negativen Blickwinkel betrachten. Wir empfinden es dadurch automatisch als belastend. Wenn der 10 - jährige Tim beispielsweise morgen eine Klassenarbeit schreibt, kann er dies als Problem oder aber als Herausforderung sehen. Sieht er es als Problem, stresst es ihn im negativen Sinne. Sieht er es aber als Herausforderung, entwickelt er Ehrgeiz und allenfalls die Ausschüttung von positivem Adrenalin kurz vor der Klassenarbeit.

Erörtern Sie mit dem Kind, welche Situationen und Dinge es gerade stressen und fragen Sie es gezielt, was an diesen denn auch positiv bzw. gut sein könnte. Wenn jetzt beispielsweise ein Test in der Schule, der Gitarrenunterricht und ein Arztbesuch auf einen Tag fallen, sollten Sie gemeinsam überlegen, was an den einzelnen Terminen positiv sein könnte.

Der Test könnte also eine Herausforderung sein, im Gitarrenunterricht könnte das Kind sich sein Lieblingslied zum Üben heraussuchen und beim Arzt im Wartezimmer könnte es sich ja die Zeit mit einem Spiel an Mamas oder Papas Handy vertreiben (was es vielleicht ansonsten nur sehr selten darf).

Es können also aus den Dingen und Situationen selbst positive Aspekte herausgezogen werden, aber auch durch Positives oder Erfreuliches ergänzt werden.

Gehen Sie in dieser Hinsicht als Vorbild voran und versuchen selbst einmal diese Methode der Stressbewältigung. Eignen Sie es sich selbst an, möglichst jeder stressigen Situation etwas Positives abzugewinnen, und es wird auf Ihre Kinder abfärben.

Wie Kinder mit Leistungsdruck umgehen können

Nicht nur in der Schule, sondern auch in der Familie und der Freizeit haben Kinder immer mehr unter Leistungsdruck zu leiden. Eine Drei in der Klassenarbeit, ganz gut im Sportverein zu sein, Mittelmaß zu sein, das reicht einfach nicht mehr. Kinder haben immer öfter den Eindruck, nicht gut genug zu sein, Versager zu sein. Ein solches Denken wirkt sich vor allem auf den Schulalltag aus, denn Untersuchungen des LBS-Kinderbarometers zeigen, dass jedes sechste Kind sich in der Schule nicht wohlfühlt.

Lernforscher betonen immer wieder, dass unter Druck und Stress Angst entsteht, welche die Leistungen in der Schule enorm beeinträchtigt, wobei auch das Selbstbewusstsein leidet. Besonders für hochsensible Kinder bedeutet das enormes und nachhaltiges Leid. Häufig zeigen sich die Symptome bei Kindern auf körperlicher Ebene, oft durch Bauchschmerzen, Kopfschmerzen, Übelkeit, Schlafstörungen oder anhaltende Tics. Nicht selten treten diese Zeichen im Zusammenhang mit Leistungsdruck am Abend oder/und am Morgen vor der Schule auf.

Um diesem Leid vorzubeugen, gibt es hier nun 4 Tipps, wie Sie es schaffen können, den Leistungsdruck aus dem Alltag Ihres Kindes herauszunehmen.

1. Noten und Leistung sind nicht alles

Denken Sie einmal nach: Welche Erwartungen haben Sie an Ihr Kind, wenn es um Schulnoten geht? Bei welcher Note wären Sie begeistert, bei welcher zufrieden, welche wäre noch ok für Sie, welche würden Sie zähneknirschend hinnehmen und bei welcher würden Sie ein ernstes Wörtchen mit Ihrem Kind reden?

Denken Sie dann über die tatsächlichen bisherigen Noten Ihres Kindes nach und vergleichen Sie sie mit Ihren Erwartungen. Wie viel Unterschied gibt es da und wie könnten Sie sich annähern?

Eines ist klar: Noten und Leistung sind nicht alles im Leben und Kinder müssen keine Einser Schüler sein. Und es ist auch in Ordnung, wenn ein Kind nicht aufs Gymnasium, sondern eben auf die Realschule, geht. Und selbst die Werkrealschule ist kein Weltuntergang. Das bedeutet nicht, dass ein Kind dumm ist. Es kann z. B. auch eine Lernschwäche haben, die nichts mit der Intelligenz zu tun hat. Das bedeutet nicht, dass es keine Zukunft hat, und auch nicht, dass es nicht studieren kann (Stichwort "Zweiter Bildungsweg"). Wichtig ist, dass Sie auch das Ihrem Kind vermitteln, sodass es nicht zu hohe Ansprüche an sich selbst entwickelt.

2. Besprechen Sie mit dem Kind seine persönlichen Notenziele

   Setzen Sie sich zusammen an den Tisch und sprechen Sie über die Ansprüche, die Ihr Kind an sich selbst hat. Welche Noten es gerne in welchem Fach hätte und welche es tatsächlich hat. Sollte es beispielsweise überall nur Einser haben wollen, fragen Sie es, warum ihm das so wichtig ist. Ist es, weil jemand in der Klasse auch solche Noten hat? Woher kommt dieser Anspruch und ist er überhaupt realistisch zu erreichen? Sprechen Sie offen darüber und auch über etwaige Sorgen Ihrerseits, dass das Kind sich selbst überfordern könnte. Schauen Sie dann gemeinsam, wie es seine Ziele erreichen könnte, ohne sich zu überfordern.

3. Erstellen Sie gemeinsam einen Lernplan

   Erstellen aus Tipp 2 heraus einen Lernplan, der sich an die Bedürfnisse Ihres Kindes anpasst. Der Plan sollte auch Pausen und Auszeiten beinhalten, ebenso wie Hausaufgaben und natürlich die Lernzeit. Eine Möglichkeit ist es, wenn es für jedes Fach einen Tag in der Woche gibt, an dem dafür gelernt wird. Und dann natürlich auch nicht den ganzen Tag, sondern vielleicht 2 Stunden mit Pause.

Je nach Bedarf des Kindes natürlich. Sinn und Zweck dieses Plans ist, dass er die Bedürfnisse des Kindes berücksichtigt und die Erwartungen anderer ausschließt. Es ist ein Plan, der dem Kind hilft und der es nicht einengt.
Anfangs sollte er flexibel gestaltet sein, sodass er jederzeit nachbearbeitet werden kann. Immerhin zeigt sich erst mit der Zeit, ob ein Plan so funktioniert oder nicht. Ein bisschen Ausprobieren wird wohl nötig sein.

4. Vermitteln Sie dem Kind, dass die Erwartungen anderer nicht maßgeblich sind

Dieser Tipp bezieht sich auf die Abgrenzung, auf die ich später noch eingehen werde.

Sprechen Sie mit dem Kind, natürlich altersgerecht, über das Thema und vermitteln Sie ihm, dass es die Erwartungen anderer nicht erfüllen muss. Dass nur wichtig ist, was es von sich selbst erwartet. Dass Leistung nicht alles im Leben ist. Leben Sie ihm diese Werte auch vor.

Das Selbstbewusstsein von Kindern stärken

Es ist wahrscheinlich die wichtigste Eigenschaft, die man seinem Kind mitgeben kann. Das Selbstbewusstsein. An ihm hängt so viel Seelenfutter, so viel Positives. Es ist die beste Voraussetzung für ein glückliches und bereichertes Leben. Ein erfolgreiches Leben. Für innere Stärke und Stabilität. Selbstbewusste Kinder sind sozial mehr vernetzt, weil sie sich trauen, offen auf andere zuzugehen und Freundschaften zu schließen. Solche Kinder weniger ängstlich und können Niederlagen besser wegstecken, weil sie an sich glauben und sich mehr trauen, etc... Besonders hochsensible Kinder haben in diesem Bereich häufig Defizite.

Folgende Tipps sind ganz leicht in den Alltag zu integrieren und kosten weder viel Zeit, noch Geld, noch besonderen Aufwand.

1. Legen Sie den Fokus auf die Stärken des Kindes

   Es ist komisch, aber je älter ein Kind wird, desto mehr legt sich der Fokus der Eltern tendenziell auf dessen Fehler, Macken und Schwächen. Ein Säugling lädt viel mehr dazu ein, nur seine positiven Verhaltensweisen zu sehen.

Viel besser ist es aber für alle Beteiligten, wenn der positive Fokus auch beim älteren Kind beibehalten wird. Das stärkt sein Selbstbewusstsein und trainiert es darin, sich auf seine Stärken zu konzentrieren.

Sie könnten zur Unterstützung beispielsweise ein Positivtagebuch führen, in das Sie jedes positive Erlebnis mit Ihrem Kind und jedes seiner Erfolge (seien sie objektiv betrachtet auch noch so klein) festhalten.

Natürlich sollten Sie dabei aber nicht vergessen, schlechte Verhaltensweisen dennoch zu kritisieren. Dieser p fordert nicht dazu auf, sein Kind in den Himmel zu loben und ihm alles durchgehen zu lassen.

2. Zeigen und geben Sie bedingungslose Liebe

   Machen Sie Ihre Liebe zum Kind nie davon abhängig, wie es sich gerade verhält oder gar von seiner Leistung. Hier gilt: Das Verhalten eines Menschen und der Mensch an sich sind zwei unterschiedliche Paar Schuhe.
   Auch Kinder, die sich oft schwierig verhalten, sollten niemals das Gefühl haben, dass ihre Eltern sie nicht mehr liebhaben. Deshalb sollten Sie Erziehungsmaßnahmen immer auch mit der Botschaft verknüpfen, dass Sie es dennoch liebhaben. Auch wenn es sich so verhalten hat.

Bedingungslose Liebe bedeutet, jemanden unabhängig von seinem Verhalten als Person zu lieben und ihm das auch so zu zeigen. Sie stärkt die Seele des Kindes und gibt ihm Rückhalt.

3. Finden Sie den passenden Verein für Ihr Kind

Grundsätzlich ist es für das Selbstbewusstsein eines Kindes förderlich, aktives Mitglied in einem Verein mit anderen Kindern zu sein. Dort hat es die Chance, sich als wichtiger Teil einer Gruppe zu sehen und sich zu beweisen.

Aber Achtung!:

Der Verein muss unbedingt zum Kind und seiner Persönlichkeit passen. Achten Sie bei der Wahl tatsächlich auf die Wünsche und Bedürfnisse Ihres Kindes. Es muss kein Sportverein sein, sondern kann z. B. auch der Musikverein sein. Nicht jedes Kind ist sportbegeistert oder sportlich begabt. Erörtern Sie, was ihm liegt und Spaß macht. Wo es tatsächlich drin aufgehen kann. Es soll in seinem Verein möglichst nur positive Erlebnisse haben und sich nicht unter Druck gesetzt fühlen. Machen Sie dann erst einmal Schnupperstunden aus und lassen Sie allein das Kind entscheiden, in welchem Verein es sich wirklich wohlfühlt.

4. Zeigen Sie ehrliches Interesse am Kind und seinen Leistungen

Wenn Ihr Kind Ihnen etwas erzählt, sollten Sie nichts anderes tun, als ihm zuzuhören. Wenn es um Ihre Aufmerksamkeit bitte, Sie aber gerade beschäftigt sind, dann bitten Sie es darum, mit seinem Anliegen kurz zu warten. Begründen Sie diese Bitte ehrlich und machen Sie ihm klar, dass Sie Interesse haben, aber das hier vorher kurz fertig machen bzw. erledigen müssen.
Machen Sie dann einen Zeitpunkt, oder auch Termin, aus, an dem Sie über sein Anliegen sprechen.

Genauso handeln Sie, wenn es Ihnen ein gemaltes Bild zeigen möchte oder auf sonstige Weise Ihre Aufmerksamkeit einfordert. Besonders hochsensible Kinder merken es, wenn Sie desinteressiert sind oder wirken. Wenn Sie nebenher einfach weiter Ihre Dinge erledigen und nur mit einem Ohr zuhören und nur kurz aufblicken. Wenn Ihre Stimme monoton ist. Das gibt dem Kind das Gefühl, dass seine Person und seine Leistungen nicht so wichtig sind und entwickelt dadurch womöglich selbst diese Einstellung zu sich. Um Selbstbewusstsein zu entwickeln, muss ein Kind sich, vor allem von seinen Eltern oder nahestehenden Bezugspersonen, wertgeschätzt und anerkannt fühlen.

5. Lassen Sie Langeweile zu

   Hin und wieder tut Langeweile ganz gut. Sie bietet die Chance, Ideen zu entwickeln und umzusetzen. Sie animiert zur Kreativität und ruft in uns das Bedürfnis hervor, selbst nach einer Beschäftigung zu suchen.

   Lassen Sie Ihr Kind deshalb einfach mal nichts tun. Lassen Sie einmal die Woche einfach mal ein paar langweilige Stunden vergehen. Irgendwann wird Ihr Kind damit beginnen, sich selbst zu beschäftigen und somit seine eigene Wirksamkeit erleben. Es lernt, dass es selbst etwas an seiner Situation ändern kann.

6. Lassen Sie jegliche Gefühle zu

   Gehen Sie offen mit Gefühlen um und vermitteln Sie Ihrem Kind, dass jedes einzelne Gefühl gefühlt werden darf. Machen Sie das Thema keinesfalls zum Tabuthema, indem Sie beispielsweise Schmerz relativieren ("Ist doch nicht so schlimm") oder Traurigkeit als nicht wünschenswert vermitteln ("Hör auf zu weinen"). Auch negative Gefühle sollte es zulassen dürfen.

Aber auch schlechte Laune soll erlaubt sein. Lernt ein Kind, dass schlechte Laune nicht erwünscht ist ("Reiß dich jetzt mal zusammen und zieh nicht so ein Gesicht"), wird es irgendwann diese unterdrücken. Es wird sie als Tabu ansehen und somit auch nicht verarbeiten. Sie staut sich an und entlädt sich irgendwann auf ungesunde Weise.

Indem jedes Gefühl als in Ordnung vermittelt wird, wird das Kind später offen und selbstbewusst mit seinen Gefühlen umgehen und auch zu diesen stehen können. Das macht auch selbstsicherer.

7. Lassen Sie das Kind mithelfen

Kinder wollen ihren Eltern helfen, sie wollen selbst wirksam werden. Geben Sie also dem Kind die Chance, dieses Bedürfnis im Alltag auszuleben. Zu sehen, was man selbst geschafft hat, festigt das Selbstbewusstsein.

Schon Kleinkinder können im Haushalt helfen, etwa die Löffel aus der Spülmaschine holen und Ihnen reichen (ist vielleicht auch gut für Ihren Rücken) oder beim Wäsche einsammeln die Socken auflesen. Integrieren Sie schon kleine Kinder mit in den Haushalt, aber auch in die Versorgung noch jüngerer Geschwister. Ein 3 - jähriges kann z. B. seinem Baby-Geschwister das Fläschchen an den Mund halten oder ihm den Mund nach dem Essen abwischen.

Ältere Kinder können entsprechend mehr und mehr alleine übernehmen.

Kann ein Kind mithelfen, auch wenn es aus Ihrer Sicht vielleicht nur Kleinigkeiten sind, kann es stolz auf sich sein und sich selbst als wichtig erleben (und das in einem gesunden Maße).

8. Nehmen Sie die Grenzen Ihres Kindes ernst

Lassen Sie Ihr Kind Grenzen setzen, auch Ihnen gegenüber. Wenn es ab einem bestimmten Alter nicht möchte, dass Sie einfach in sein Zimmer platzen, dann nehmen Sie das ernst und klopfen Sie in Zukunft vorher an.

Wenn ein kleineres Kind nicht möchte, dass Sie ihm jetzt bei etwas helfen, weil es es selbst schaffen möchte, dann akzeptieren Sie das. Lassen Sie es selbst Versuche anstellen und wenn es wirklich nicht weiterkommt, dann wird es sich schon melden.

Wenn das Kind merkt, dass die Grenzen, die es setzt, von Ihnen akzeptiert und respektiert werden, dann lernt es, dass seine Bedürfnisse und Anliegen ernst genommen werden. Dass es selbst ernst genommen wird.

9. Beantworten Sie alle Fragen

"Und warum? … Und warum? … Und warum? …" Auch wenn es ganz schön nerven kann, ist es wichtig, dem Kind seine Fragerei zu beantworten. Es möchte die Welt um sich herum und auch seine eigene Situation begreifen und verstehen. Es möchte sich orientieren können. Deshalb stellt es viele Fragen. Nehmen Sie sich die Zeit dafür.

10. Akzeptieren Sie die Meinung Ihres Kindes

Wenn Sie möchten, dass Ihr Kind später zu seinen Meinungen steht und sich nicht so schnell beirren lässt, dann müssen Sie ihm auch schon früh eigene Meinungen zugestehen. Auch wenn diese vielleicht nicht immer auch Ihrer eigenen entspricht.

Das fängt schon mit dem gemalten Bild an. Wenn das Kind Ihnen sagt oder signalisiert, dass es mit seinem Werk unzufrieden ist, dann versuchen Sie nicht, es vom Gegenteil zu überzeugen. Nehmen Sie das ernst und fragen Sie, was es daran nicht mag. Überlegen Sie dann gemeinsam, was passieren muss, dass es zufriedener damit wird. Vielleicht kann es versuchen, es nochmal zu malen.

Wenn Ihr Kind der Meinung ist, dass die Farbe der Couch, die Sie ausgesucht haben, nicht schön ist, dann ist das so. Sagen Sie nicht sowas wie "Ach quatsch, was redest du denn da, die ist doch schön!". Es ist eben nicht Quatsch, sondern seine eigene Meinung. Sie haben ein Individuum als Kind, das sich ab einem bestimmten Alter seine eigene Meinung bilden muss. Sagen Sie also stattdessen Dinge wie "Das ist deine Meinung, ich persönlich finde die Farbe schön!".

Wichtig ist nur, dass Sie Ihrem Kind beibringen, wie es seine Meinung ausdrückt und formuliert. Es sollte dabei immer über sich sprechen und niemanden beleidigen. Es muss den Unterschied zwischen Meinung und Beleidigung verstehen. Würde es z. B. sagen: "Du hast einen hässlichen Sofa-Geschmack!" wäre das eine Beleidigung. Eine Meinung bezieht sich nie auf eine Person, sondern immer auf eine Sache oder einen Sachverhalt.

11. Lassen Sie Ihr Kind Erfahrungen sammeln

Ein Kind muss hinfallen und wiederaufstehen. Es muss sich auch mal verletzen, um zu lernen, dass bestimmte Dinge wehtun und in Zukunft lieber vermieden werden sollten. Es muss Enttäuschungen erfahren, um mit diesen umzugehen zu lernen.

Nur so kann es sich auf dieser Welt gesund entwickeln und später allein lebensfähig sein. So wird es sich über seine eigenen Grenzen bewusst und lernt sich selbst in Zusammenwirkung mit seiner Umwelt kennen.

Packen Sie Ihr Kind deshalb keinesfalls in Watte, sondern lassen Sie es Erfahrungen sammeln. Natürlich sollen Sie es aber nicht sehenden Auges ins Messer laufen lassen.

12. Vergleichen Sie Ihr Kind niemals mit anderen

Indem man jemanden mit anderen vergleicht, relativiert oder missachtet man seine Leistungen. Man signalisiert dem Menschen, dass jemand anderes besser ist, dass die eigenen Leistungen und Qualitäten nicht gut genug sind.

Akzeptieren Sie Ihr Kind mit all seinen Seiten und Gesichtern. Es ist so, wie es ist. Und das ist gut so. Es ist egal, wie andere Kinder sind. Ihr Kind ist Ihr Kind und ein Individuum. Es ist einzigartig und unvergleichlich. So wie Sie selbst auch. Das sollten Sie ihm vermitteln. Fragen Sie z. B. nicht nach den Noten der Klassenkameraden, die interessieren nicht. Die sind irrelevant.

13. Fehler gehören dazu und sind gut

Es gibt keine Entwicklung ohne Fehler, das funktioniert nicht. Aus Fehlern lernen wir und sie signalisieren uns, dass es so auf diese Weise nicht geht, dass wir an etwas noch arbeiten müssen. Fehler führen uns zur richtigen Lösung. Für ein Kind sind Fehler von Natur aus etwas Positives (siehe das Kind, das laufen lernt und nach jedem Sturz aufsteht und weitermacht). Erst, wenn es für Fehler kritisiert wird, beginnt es damit, sie als negativ zu betrachten.

Natürlich muss bestimmtes Fehlverhalten kritisiert werden, jedoch sollten dadurch Fehler nicht pauschal als schlecht vermittelt werden. Wenn Ihr Kind einen Fehler macht, dann fragen Sie es doch mal, wie es auf diese (falsche) Lösung gekommen ist und ob es nicht vielleicht noch eine andere Idee dazu hat. Geben Sie ihm den richtigen Weg nicht gleich vor, sondern lassen Sie ihm die Chance, aus seinem Fehler selbst zu lernen.

Das bewirkt auch später einen lockeren Umgang mit Fehlern. Zudem lernt das Kind, in seine Fähigkeiten zu vertrauen und nicht gleich bei den ersten Fehlversuchen aufzugeben.

Alternativen zu Strafen

Wie bereits thematisiert, sollte man Strafen als Eltern möglichst umgehen. Das Verteilen von Strafen ist eine Form von Gewalt, und Gewalt hat in Familien nichts zu suchen. Im Grunde hat sie auch sonst nirgendwo etwas zu suchen.

Was Sie aber stattdessen tun können, dazu habe ich Ihnen 8 Ansätze zusammengefasst, wie Sie Strafen geschickt umgehen und die Kooperation Ihres Kindes mit Ihnen fördern können.

1. Gehen Sie dem Verhalten Ihres Kindes auf den Grund

   Für das Verhalten eines Menschen gibt es immer einen Grund. So auch für das Verhalten eines Kindes. Bei der Suche nach dem Grund für schwieriges Verhalten ihres Kindes, machen Eltern oft im ersten affektiven Moment den Fehler, das Verhalten auf sich zu beziehen. Also im Sinne von, das Kind will einen ärgern oder einem das Leben schwermachen. Dadurch kommt Enttäuschung auf, die sich wiederum unter Umständen zu Ärger oder Wut entwickelt, die dann letztendlich häufig zu impulsiven Strafen führen. Damit Eltern eben nicht auf diese emotionale Schiene rutschen, und damit mit ihrem Kind und seinem momentanen Verhalten auf einer Ebene sind, sollten sie versuchen, rational zu bleiben.

Suchen Sie die Gründe aus Sicht des Kindes. Vielleicht war der Tag einfach so anstrengend und das Kind muss einfach mal Dampf ablassen. Das hat nichts mit Ihnen zu tun. Vielleicht ist das Kind mit den Eindrücken des Tages einfach total überfordert. Vielleicht ist es auch einfach heute grundsätzlich schlecht gelaunt, so wie es jeder mal ist.

Suchen Sie dabei, auf rationaler Ebene, aber auch bei sich. Vielleicht haben auch Sie einen Teil zur Situation beigetragen. Vielleicht ist Ihr Verhalten nicht der Grund für das Verhalten Ihres Kindes, aber eventuell könnte es den Auslöser getätigt haben. Wenn Sie noch kurz in den Supermarkt fahren, nachdem Sie Ihr Kind vom Kindergarten abgeholt haben, und es im Laden auf einmal Theater macht, weil Sie ihm diese Gummibärchen nicht kaufen möchten, dann war es vielleicht keine gute Idee, diesen Einkauf mit dem Kind nach einem anstrengenden Tag zu erledigen. Vielleicht wäre es besser gewesen, schon vorher einzukaufen und das Ganze eben nicht auf einen Abwasch zu erledigen.

Gehen Sie also immer erst auf die rationale Ebene und suchen Sie nach dem möglichen Grund. Anschließend nach dem Auslöser, der oft auch im eigenen Verhalten zu finden ist. Was könnten Sie das nächste Mal anders machen, um solche Situationen zu vermeiden?

2. Beziehen Sie Ihr Kind in die Problemlösung mit ein

Kinder wollen ihren Eltern gefallen, sie wollen es ihnen recht machen. Sind also im Grunde dazu bereit, gemeinsame Probleme zu lösen. Nur ist das eben schwierig, wenn man gerade so emotional ist.

Ist Ihr Kind also gerade z. B. am Schmollen, dann lassen Sie es einfach schmollen. Irgendwann wird das vorbeigehen. Es wird nicht ewig schmollen. Sie müssen es dann eben nur aushalten, erst einmal nichts tun zu können. Wenn das Kind sich dann wieder gefangen hat, beziehen Sie es bewusst in Ihre Problemlösung mit ein. Setzen Sie sich zusammen und beginnen Sie beispielsweise mit “Ich brauche mal deine Hilfe. Ich habe da ein Problem. Ich kann mir einfach nicht erklären, warum du vorhin so schlecht drauf warst. Dabei würde ich so gerne wissen, was da los war, damit ich weiß, wie ich dir helfen kann. Hilfst du mir dabei, das herauszufinden?” Gehen Sie dann langsam über zur Problemlösung fragen Sie das Kind, was das nächste Mal anders laufen sollte und wie das Problem aus der Welt geschafft werden könnte.

An sich helfen Kinder ja gerne und können sich dabei wichtig fühlen. Aus diesem Grunde sollte es bei dieser Art von Gespräch signalisiert bekommen, dass Sie seine Hilfe benötigen.

Früher sollten Kinder Auszeiten nehmen, um über ihr Verhalten nachzudenken. Ob sie dann tatsächlich darüber nachdachten, sei nun einmal dahingestellt. Mit einem solchen Gespräch können Sie es dabei begleiten und leiten, über die Situation und sein Verhalten noch einmal nachzudenken. Somit können Sie sicher sein, dass dieses Nachdenken auch tatsächlich Sinn gemacht hat. Und überhaupt stattgefunden hat.

3. Machen Sie dem Kind klar, was sein Verhalten für Konsequenzen haben könnte

Diese Konsequenzen sollten sich immer auf seine Person beziehen. Darauf, dass das Kind sich selbst mit seinem eigenen Verhalten schadet. Häufig haben Strafen mit dem eigentlichen Fehlverhalten gar nichts zu tun. Es fehlt die logische Verbindung von Ursache und Folge. Es macht, auch für das Kind, einfach oft keinen Sinn.

Natürliche Konsequenzen stellen diese Verbindung und haben Substanz. Sie kann das Kind nachvollziehen und somit besser akzeptieren. Dadurch tragen sie Früchte.

Machen Sie Ihr Kind also die Konsequenzen klar: Wenn es seine Hausaufgaben nicht machen will, wird sein Lehrer nicht begeistert sein. Der Schultag wird dann eben unangenehm.

Wenn es im Winter nur im T-Shirt nach Draußen will, dann machen Sie ihm klar, dass es frieren wird. Wenn es sich die Zähne nicht putzen will, dann erklären Sie ihm, dass es davon schlechte Zähne bekommt und das irgendwann wehtun wird.

Natürlich sollten Sie Ihr Kind dann nicht ins offene Messer rennen lassen und es somit tatsächlich im T-Shirt in die Minusgrade schicken oder seine Zähne nicht putzen lassen und warten, bis es Karies bekommt. Ihm müssen aber die Konsequenzen seines Verhaltens und seiner Entscheidungen klar sein.

4. Setzen Sie klar und deutlich Grenzen

Auch wenn Sie auf Strafen verzichten, sollten Sie Ihr Kind natürlich nicht mit Samthandschuhen anfassen. Ein ernster Ton in der dennoch ruhigen Stimme ist möglich. Das Kind muss den Ernst der Lage begreifen, wenn Sie ihm Grenzen aufzeigen. Es muss verstehen, dass Sie es wirklich ernst meinen.

Gehen Sie mit ihm auf Augenhöhe und schauen Sie ihm in die Augen. Sagen Sie ihm klar und deutlich, was Sie möchten und was Sie nicht möchten. Und warum Sie es möchten oder nicht möchten. Am Ende soll das Kind Ihnen bestätigen, dass es Sie verstanden hat. Zur Not wiederholen Sie sich immer wieder, bis das Kind sich automatisch an diese Grenzen hält.

5. Atmen Sie durch und nehmen Sie sich Zeit

Sie müssen bei Fehlverhalten Ihres Kindes nicht immer gleich eine Lösung parat haben. Atmen Sie einmal tief durch und nehmen Sie sich soviel Zeit wie nur irgend möglich. Nur so können Sie ruhig bleiben und sich nicht provozieren lassen. Dieses Durchatmen signalisiert eine Pause und gibt Zeit, sich zu besinnen. Bei schwierigen Situationen zu Hause haben Sie die Möglichkeit, die Situation kurz zu verlassen (nachdem Sie sichergestellt haben, dass das Kind auch alleine sicher ist). Sie haben sogar die Möglichkeit, dass das Kind sich erst einmal selbst beruhigt, um danach dann an die Lösung des Problems zu gehen.

In Situationen, die in der Öffentlichkeit passieren, ist das schon etwas schwieriger. Nehmen Sie sich dann wenigstens die Zeit zum Durchatmen und ein paar Sekunden für die Besinnung und reagieren Sie erst dann. So ist es Ihnen möglich, nicht auf emotionaler, sondern auf rationaler, Ebene zu reagieren. Impulsive Reaktionen Ihrerseits können somit vermieden werden.

6. Zeigen Sie im Alltag, wie es richtig geht

Seien Sie Ihrem Kind Vorbild. Leben Sie ihm stets das vor, was Sie von ihm verlangen. Es soll keine Süßigkeiten vor dem Essen naschen?

Dann tun Sie es auch nicht. Es soll nicht so viel am Handy sein? Dann halten Sie sich auch daran. Es soll nicht fluchen? Dann fluchen Sie zumindest nicht in seiner Gegenwart. Es soll sich nach Streit und Fehlverhalten mit einem anderen Kind aussöhnen? Dann leben Sie es ihm vor (häufig gibt es z. B. Konflikte innerhalb von Familien, die nie richtig gelöst werden, weil keiner auf den anderen zugeht. Das merken Kinder.). Es soll nicht über andere Kinder lästern? Dann lästern Sie wenigstens nicht, wenn Ihr Kind dabei ist.

Es gibt so viele Dinge, die wir unseren Kindern verbieten oder die wir von ihnen erwarten, obwohl wir darin selbst nicht besser sind. Das passiert häufig unterbewusst, weshalb es einmal interessant wäre, sich dahingehend selbst zu beobachten und an sich zu arbeiten.

7. Schlagen Sie dem Kind Alternativhandlungen vor

Häufig wird Kindern vermittelt, was sie falsch gemacht haben, jedoch nicht, wie sie es besser oder anders machen könnten. Wenn Sie also mit Ihrem Kind über sein Fehlverhalten sprechen, machen Sie ihm immer auch mindestens einen Vorschlag, wie es sich das nächste Mal in einer solchen Situation verhalten kann.

Erklären Sie ihm dabei auch immer, welche positiven Auswirkungen dieses alternative Verhalten für es selbst hat. Im Gegensatz zu den negativen Auswirkungen, die sein Verhalten von eben hat. Das Kind muss wissen, wofür es sich anstrengt, wofür es etwas tut, um sich motivieren zu können, an sich zu arbeiten.

8. Erwarten Sie kein Gehorsam

Eltern haben oft unterbewusst die Erwartung, dass ihr Kind grundsätzlich macht, was sie wollen.
Das ist das unbewusste Ideal eines Kindes. Doch dabei wird vergessen, dass nicht alles, was wir als Erwachsene wollen, auch das Maß aller Dinge ist. Durch diese Erwartung trifft die es die Eltern nur umso mehr, wenn das Kind mal nicht in der Spur läuft. Denn die Erwartungen, natürlicherweise, immer wieder enttäuscht.

Erwarten Sie von Ihrem Kind also kein Gehorsam, sondern lediglich Kooperation. Sehen Sie sich als Team, indem Sie der Teamleiter, nicht der Anführer, sind. Dann tut es auch nicht mehr ganz so weh, wenn das Kind dann doch mal kurz vom Weg abkommt. Dann gibt es auch weniger Grund, auf schwieriges Verhalten selbst mit schwierigem Verhalten zu reagieren.

Eltern-Kind-Beziehung stärken

Eine gesunde Bindung zwischen Eltern und Kind ist die Grundlage einer gesunden Entwicklung. Besonders hochsensible Kinder sind auf eine solche angewiesen, um sich wirklich geborgen und sicher zu fühlen. Um das Zuhause mit seinen Bewohnern als sicheren Rückzugsort und als Insel der Erholung empfinden zu können.

Hier also die wichtigsten Zutaten für eine gute Eltern-Kind-Beziehung:

Kuscheln Sie regelmäßig miteinander

Durch angenehmen Körperkontakt wird im Gehirn der sich wohlfühlenden Beteiligten das Neurotransmitter Oxytocin freigesetzt, welches auch als "Kuschelhormon" bezeichnet wird. Es sorgt unter anderem dafür, dass man beieinander geborgen fühlt eine Bindung zueinander aufbaut.

Das geschieht aber nicht nur beim Kuscheln, sondern auch beim Massieren, beim Streicheln (auch beim Streicheln eines Haustieres beispielsweise) oder beim spaßhaften Rangeln, wie es etwa Väter und Söhne häufig tun. Außerdem lässt sich damit auch erklären, warum es vielen guttut, wenn sie in den Arm genommen werden. Vor allem, wenn es ihnen nicht so gut geht.

Dabei ist nachgewiesen, dass Kinder, welche viel positiven Körperkontakt zu ihren Eltern haben, ruhiger, selbstbewusster und emotional gefestigter sind als andere. Unter anderem aus diesem Grunde werden Neugeborene im Krankenhaus oder von der Hebamme der Mutter (und wenn möglich auch dem Vater) so früh wie möglich auf die nackte Brust gelegt. Die Kinder müssen die Nähe und Wärme ihrer Mutter spüren, um einen bestmöglichen Start ins Leben zu haben. Des Weiteren wird Ihnen bestimmt schon aufgefallen sein, dass Kinder sich meist beruhigen, wenn ihre Eltern sie auf den Arm nehmen.

Wichtig ist bei aller Positivität, dass der Körperkontakt auf beiderseitigem Einverständnis basiert. Wenn das Kind nicht kuscheln oder umarmt werden möchte, dann erzwingen Sie es nicht, nur weil es so gut sein soll. In dem Falle wäre das eine massive Grenzüberschreitung und würde genau das Gegenteil von dem bewirken, was Sie ursprünglich bewirken wollten.

Spielen Sie regelmäßig miteinander

Um eine emotionale Verbindung mit Ihrem Kind herzustellen, ist es ratsam, sich regelmäßig mit ihm auf eine Ebene zu begeben. Je jünger Kinder sind, desto eher verarbeiten und drücken sie ihre Emotionen auf spielerische Weise aus.

Wenn Sie dabei zusehen, aber in Ihrer Erwachsenenwelt verbleiben, entsteht auch keine richtige Verbindung zwischen Ihnen. Sie sprechen in diesem Moment zwei verschiedene Sprachen. Tauchen Sie jedoch in die Welt Ihres Kindes mit ein, werden Sie merken, dass Sie ihm so viel näher sind, als eben noch. Sie sprechen nun die gleiche Sprache.

Wenn Ihr Kind das nächste Mal etwas spielt und Sie ein bisschen Zeit haben, dann setzen Sie sich doch dazu und zeigen Sie Interesse. Fragen Sie dann, ob Sie mitspielen dürfen. Wenn Ihr Kind Ihnen die Erlaubnis erteilt, dann lassen Sie Ihr inneres Sonnenkind doch einfach Kind sein und spielen Sie mal wieder. Wenn das Kind allerdings gerade, aus welchem Grund auch immer, lieber alleine spielen möchte, dann akzeptieren Sie das. Versuchen Sie es ein anderes Mal.

Auch können Sie selbst aktiv auf Ihr Kind zugehen und es fragen, ob es mit Ihnen spielen möchte. Das kann auch mal ein Brettspiel, ein Rollenspiel, mit älteren Kindern ein Gesellschaftsspiel sein. Vergessen Sie einfach zwischendurch auch mal, dass Sie eigentlich erwachsen sind. Wenn Sie das schaffen, dann sind Sie wirklich erwachsen.

Erschaffen Sie gemeinsam etwas

Kochen, basteln, werkeln oder malen Sie regelmäßig zusammen. Damit stärken Sie das Wir-Gefühl und erleben Ihre Familie als Team.

Das wird auch das Kind spüren. Sie erschaffen etwas mit vereinten Kräften. Etwas, das greif- oder/und essbar ist. Das schweißt zusammen und bringt positive Erlebnisse.

Musizieren Sie gemeinsam

Es ist wissenschaftlich bewiesen, dass Musik das limbische System in unserem Gehirn aktiviert. Dieses System ist unter anderen für die Verarbeitung von Emotionen zuständig. Genauso wie beim Körperkontakt wird zudem Oxytocin ausgeschüttet. Außerdem stimuliert Musik das Belohnungssystem des Gehirns. Automatisch führt Musik so zu positiven Gefühlen und wenn man diese miteinander teilt, verbinden sie sich miteinander.

Sie können entweder selbst Musik machen oder eben zusammen Musik hören. Dabei können Sie vielleicht ausmachen, dass sich jeder ein Stück oder Lied aussuchen darf.

Entspannen Sie gemeinsam

Hin und wieder muss man einfach auch mal ganz alleine sein, um zu entspannen. Aber Entspannung geht auch gemeinsam.

Das kann im Rahmen eines gemütlichen Fernsehabends geschehen, aber auch im Rahmen eines gemeinsamen Mittagsschlafs oder Nichtstuns in der Sonne auf der Terrasse/im Garten. Entspannung gemeinsam schafft eine angenehme zwischenmenschliche Atmosphäre und stellt eine positive gemeinsame Erfahrung dar. Wiederholen Sie das regelmäßig und es wird sich langfristig auf Ihre Bindung zueinander auswirken.

Essen und genießen Sie gemeinsam

Man sagt, Liebe gehe durch den Magen, und das lässt sich auch auf die Eltern-Kind-Beziehung auslegen. Versuchen Sie, wenigstens eine Mahlzeit am Tag gemeinsam zu genießen. Sollte das in manchen Wochen nicht so gut geklappt haben, dann holen Sie den gemeinsamen Genuss nach, indem Sie an einem schönen Samstag oder Sonntag in die Eisdiele gehen. Oder es sich auf der Terrasse, dem Balkon oder im Garten mit einem Eis oder anderen Leckereien gemütlich machen. Richten Sie auf jeden Fall regelmäßige Zeiten ein, in denen Sie gemeinsam kulinarisch genießen. Solche Erlebnisse verbinden auf einer ganz speziellen Ebene.

Unternehmen Sie Ausflüge

Auch hier geht es um gemeinsame Zeit, gemeinsame positive Erlebnisse, an die man sich gemeinsam immer wieder gern erinnert. Dabei muss es ja nicht immer viel Geld kosten, es kann auch einfach mal ein schönes Picknick im Park oder an einem See sein. Je nachdem, über welche Mittel Sie verfügen, können Sie sich Ausflugsziele heraussuchen, die sich im Rahmen Ihrer Möglichkeiten bewegen.

Stellen Sie sich gemeinsam Herausforderungen

Etwas geschafft zu haben, an dessen Anfang noch Zweifel standen, ist an sich schon ein super Gefühl. So etwas gemeinsam zu schaffen, schweißt zusätzlich zusammen. Situationen, die einem Angst machen oder zumindest Respekt einflößen, gemeinsam mit einer vertrauten Person zu meistern, bewirkt tatsächlich bindungsfördernde Prozesse im Gehirn. Vor allem ist da das beruhigende Gefühl, nicht allein zu sein. Jemanden zu haben, der in genau derselben Situation ist. Es müssen die Kräfte aller Beteiligten gebündelt werden, um das gemeinsame Ziel zu erreichen.

Es kann sich hierbei z. B. um einen Nachtspaziergang, Klettern oder Achterbahn fahren handeln. Oder auch um weniger Spektakuläres wie z. B. einen Bach überqueren. Je nachdem, was Ihr Kind so als Abenteuer empfindet.

Entspannungsübungen für Kinder

Hochsensiblen Kindern fällt es oftmals besonders schwer, sich auch mal zu entspannen und nach einem anstrengenden Tag runterzukommen. Deshalb ist es hier umso wichtiger, mit dem Kind gemeinsam schon so früh wie möglich Entspannungstechniken einzuüben.

Progressive Muskelentspannung für Kinder

1920 entwickelte der US-amerikanische Arzt Edmund Jacobsen die Methode der progressiven Muskelentspannung, nachdem er das Phänomen angespannter und verspannter Muskulatur mit Stress und Unruhe in Verbindung gebracht hatte.

Es geht hierbei um die bewusste Entspannung der Muskeln durch eine kurze, ebenso bewusste, Anspannung herbeizuführen.

Sprechen Sie vor der Durchführung mit Ihrem Kind über den Sinn und das Ziel der Übungen, damit es sich dabei nicht doof vorkommt und sich somit womöglich davor verschließt. Besprechen Sie auch, welche Muskeln Sie bei der Übung an- und entspannen möchten, sodass das Kind weiß, was genau zu tun ist.

Anschließend legt sich das Kind bequem auf den Boden oder auf eine Trainingsmatte. Leiten Sie es dazu ein, tief einzuatmen und gleichzeitig für ca. 5 Sekunden die vereinbarte Muskelpartie so fest wie möglich anzuspannen. Danach soll es diese Anspannung mit einem Ruck wieder lockern.

Übrigens: Hierzu gibt es im Internet kostenlose Geschichten, in denen die Anspannung verschiedener Muskelpartien schön eingearbeitet ist.

Wie lange Sie diese Übungen durchführen sollten, hängt vom Alter des Kindes ab. Ein etwa fünfjähriges Kind ist beispielsweise in der Regel mit etwa 5 bis 10 Minuten pro Tag gut und ausreichend bedient.

Bei regelmäßiger Anleitung wird das Kind mehr und mehr in der Lage sein, solche Übungen eigenständig durchzuführen.

Yoga für Kinder

Mittlerweile ist Yoga, das ursprünglich aus Indien kommt, etwa 400 Jahre alt. Es handelt sich dabei um eine philosophische Lehre, die neben geistigen auch körperliche Übungen beinhaltet. Körper, Geist und Seele so in Einklang gebracht werden.

Heute gibt es sogar spezielle Kurse, die Yoga speziell für Kinder anbieten. Dabei geht es nicht darum, sich zu verbiegen, sondern vielmehr darum, sich selbst zu spüren, wahrzunehmen. Für viele hochsensible Kinder ist dieser Aspekt besonders wichtig. Häufig sind sie so sehr in Gedanken mit anderen Menschen und gewissen Situationen beschäftigt, dass sie sich selbst schnell verlieren. Oder sie verlieren sich vielleicht durch Wutausbrüche oder andere Gefühlsexplosionen.

Die einzelnen Übungen sind dabei immer nach Tieren benannt, sodass die Kinder Lust bekommen, diese Tiere nachzuahmen. Das Imitieren von Tieren ist beispielsweise auch in selbst initiierten und erfundenen Rollenspielen zu beobachten, weshalb dieser Ansatz einen guten Anreiz für die Kinder bietet. Einer, der funktioniert.

Neben der Entspannung werden dabei zudem Konzentration und Koordination der Kinder gefördert.

Sollten Sie Ihr Kind nicht in einen professionellen Kurs schicken und die Übungen mit Ihrem Kind zu Hause durchführen wollen, ist es wichtig, dass Sie sich die Übungen vorher selbst korrekt aneignen.

Hier 4 mögliche Übungen als erster Anreiz (im Internet finden Sie noch viele mehr):

Der Frosch

Das Kind stellt sich breitbeinig auf den Boden und geht dann tief in die Hocke. Den Oberkörper beugt es nach vorne und die Hände legt es mit den Handflächen nach unten flach auf den Boden. Wenn das Kind es schafft, kann es sogar versuchen, die ganzen Unterarme auf den Boden zu legen. Die Füße müssen auf jeden Fall komplett den Boden berühren. Diese Stellung wird nun beliebig lang eingehalten.

Die Heuschrecke

Das Kind legt sich flach auf den Bauch und ballt seine Hände zu Fäusten. Diese Fäuste steckt es dann unter seine Oberschenkel. Anschließend hebt es seine Beine so weit wie es geht nach oben, wobei Kopf und Schulter unten bleiben. Diese Stellung kann das Kind beliebig lang beibehalten.

Der Gorilla

Das Kind stellt sich locker und mit leicht gegrätschten Beinen auf den Boden, breitet die Arme aus und ballt die Hände zu Fäusten. Danach beginnt es, mit den Fäusten auf seiner Brust herumzutrommeln wie ein Gorilla. Dabei atmet es so tief wie möglich ein, während es beim anschließenden Ausatmen brüllt wie ein Gorilla. Diese Übung kann beliebig oft wiederholt werden.

Die Maus

Das Kind kniet sich mit geschlossenen Beinen auf den Boden. Dabei beugt es seinen Oberkörper weit nach vorne, bis Kinn oder Stirn den Boden berühren. Seine Arme liegen derweil entspannt an den Füßen. Während diese Stellung anhält, atmet es ruhig ein und aus. Auch hier kann die Position beliebig lang beibehalten werden.

Fantasiereisen für Kinder

Kinder sind fantasievoll und lieben es, in andere Welten einzutauchen. Daher eignen sich Traum- und Fantasiereisen zur Entspannung für Kinder ganz besonders gut. Dazu legt sich das Kind ins Bett, auf das Sofa oder in sonst eine gemütliche Ecke und schließt die Augen. Lesen Sie ihm nun eine vorher gemeinsam ausgesuchte Geschichte vor (Geschichten für Traum- und Fantasiereisen finden Sie ebenfalls kostenlos im Internet). Im Hintergrund kann dabei leise entspannende Musik abgespielt werden. Die eben zur jeweiligen Geschichte passt und sie somit optimal untermalt. Vermitteln Sie dem Kind vorher, dass es sich das, was Sie ihm erzählen, so detailreich wie möglich vorstellen soll. Es sollen Bilder in seinem Kopf entstehen. Achten Sie auch darauf, dass die Geschichten immer positiv sind und einen glücklichen Ausgang haben.

Traum- und Fantasiereisen helfen, nicht nur Kindern, dabei, verschiedene Sinneseindrücke und Empfindungen bewusst wahrzunehmen, die Fantasie anzuregen und bewusst zu steuern, Angst und Anspannung abzubauen, eventuelle körperliche Beschwerden zu lindern und zur Ruhe zu kommen. Sie sind also ein ganz wertvolles Mittel im Umgang mit Stress jeglicher Art.

Autogenes Training und Atemübungen für Kinder

Das Autogene Training wurde 1926 vom Berliner Psychiater Johannes Heinrich Schultz entwickelt. Es hat das Ziel, Entspannung aus dem Inneren herbeizuführen.

Das Kind entscheidet, ob es dabei sitzen oder liegen möchte. Es atmet ruhig und gleichmäßig. Dabei stellt es sich vor, dass sein Körper immer wärmer und schwerer wird. Leiten Sie es dazu an. Etwa 10 Minuten reichen normalerweise aus, um den Zustand tiefer Entspannung zu erreichen.

Außerdem sind Atemübungen, die ich vorhin schon einmal kurz angeschnitten habe, besonders gut geeignet, um akuten Stress wegzuatmen. Auf regelmäßiger Basis bringen sie eine gewisse Grundentspannung in den Alltag, wodurch auch akuter Stress leichter zu bewältigen ist oder gar nicht erst so schnell auftaucht.

Körper und Geist brauchen ausreichend Energie, und für die Produktion dieser brauchen sie unbedingt genügend Sauerstoff. Durch flache Atmung, zu der wir bei Stress leider neigen, gelangt nicht genügend Sauerstoff in unseren Körper und wir fühlen uns zusätzlich schlapp. Das führt wiederum zu noch mehr Stress. Lassen Sie Ihr Kind also regelmäßig bewusst ganz tief einatmen und anschließend die Lunge völlig entleeren. Allein das hat schon eine entspannende Wirkung. In einen spielerischen und lustigen Zusammenhang gebracht, macht es den Kindern auch gleich noch Spaß.

Dabei gibt es viele kinderfreundliche Übungen, von denen ich Ihnen nun einmal 4 vorstellen möchte:

Die Schlange

Das Kind setzt sich auf einen Stuhl und hält den Rücken gerade. Beide Hände legt es nun flach auf seinen Bauch. Dann atmet es 4 Sekunden lang tief durch die Nase ein achtet dabei auf seinen wachsenden Bauch. Den kann es nämlich sehen und spüren. Anschließend wird die Luft wieder herausgelassen, diesmal durch den Mund. Dabei soll es klangvoll zischen, sodass es sich anhört, als schlängelte gerade eine Schlange um die Ecke.

Der Luftballon

Das Kind sitzt aufrecht und mit geradem Rücken auf einem Stuhl und soll nun einen unsichtbaren Luftballon aufblasen. Dieser Luftballon soll so groß wie nur irgend möglich werden. Um dieses ambitionierte Ziel zu erreichen, muss es zunächst tief durch die Nase einatmen und anschließend wieder genauso viel ausatmen. Währenddessen stellt es sich vor, wie der Ballon immer größer und größer wird.

Wichtig ist hierbei, dass tatsächlich nur durch die Nase eingeatmet und nur durch den Mund ausgeatmet wird. Schließlich soll die Luft ja in den Ballon und wieder heraus geatmet werden. Beim Ausatmen soll das Kind seinen Mund zu einer Art Schnute machen, als hätte es tatsächlich gerade einen Luftballon im Mund.

Der Elefant

Das Kind steht mit leicht gespreizten Beinen auf dem Boden. Es atmet tief durch die Nase ein und hebt dabei seine Arme, die den Rüssel des Elefanten symbolisieren. Dabei versucht es, seinen Bauch anschwellen zu lassen. Es soll also quasi in den Bauch atmen. Anschließend atmet das Kind durch den Mund wieder aus, und zwar auf klangvolle Art und Weise. Wie sich das anhört, ist dem Kind überlassen. Dabei senkt es die Arme wieder, die sich währenddessen etwas nach vorne neigen, um den Elefantenrüssel nach unten zeigen zu lassen.

Der Leopard

Das Kind begibt sich für diese Übung auf alle 4 Beine, als wäre es ein Leopard. Durch die Nase atmet es tief in den Bauch ein, während es auf den immer dicker werdenden Bauch und die sich nach unten neigende Wirbelsäule achtet.

Nun atmet es durch den Mund wieder aus und achtet wieder auf Bauch und Wirbelsäule. Der Bauch wird kleiner und die Wirbelsäule wieder gerade.

Führen Sie diese Übung am besten langsam durch, sodass das Kind genügend Zeit hat, sich auf die Reaktionen seines Körpers zu konzentrieren.

Das Kind so annehmen, wie es ist

Dies ist ein elementar wichtiger Punkt in der Erziehung von Kindern. Insbesondere von hochsensiblen Kindern. Ich würde sogar sagen, es ist die Grundlage dafür, dass man sein Kind bedingungslos lieben kann. Es mag nicht immer leichtfallen und manchmal ist es auch unser gutes Recht, uns aufzuregen, auch über unsere Kinder. Aber wir dürfen eines nicht vergessen: Bestimmte Charaktereigenschaften sind einfach angeboren und einige im Laufe des Lebens aus guten Gründen ausgebildet worden. Jeder Mensch hat seine Macken, die er nicht einfach so ablegen kann. einfach weil sie Teil seiner Persönlichkeit sind. Der eine hat mehr Macken, der andere weniger. Der eine hat größere, der andere kleinere. Und jede wirkt sich unterschiedlich stark auf bestimmte Bereiche des Lebens aus. Außerdem liegt es immer auch im Auge des Betrachters, was als Macke angesehen wird.

Wir als Menschen, nicht nur als Eltern, müssen uns immer wieder klarmachen, dass wir andere Menschen nicht von Grund auf ändern können. Das gilt auch für die eigenen Kinder. Natürlich kann und soll ich mein Kind anleiten und begleiten. Natürlich soll ich es darauf hinweisen, wenn es sich falsch verhalten hat, und dafür sorgen, dass es lernt, sich nächstes Mal anders zu verhalten. Natürlich gehört es zur Aufgabe der Eltern, ihre Kinder ein Stück weit geistig und seelisch zu formen. Jedoch gibt es auch hier Grenzen.

Kinder sind Individuen, genau wie Sie eines sind. Wie es jeder von uns ist. Man kann und soll sie ein Stück weit formen, aber man sollte sie niemals VERformen. Die Grundform sollte unbedingt beibehalten werden.
Um ein Kind zu VERformen, braucht es Gewalt, in welcher Hinsicht auch immer. Verbal, körperlich oder seelisch (dazu gehören auch Dinge wie häufige und/oder unverhältnismäßig harte Strafen, häufige oder regelmäßige verbale Entgleisungen, bewusste oder unbewusste Ausübung von psychischem Druck, etc…). Und Gewalt hat in der Kindererziehung nichts zu suchen. Ob sie nun unterschwellig oder eindeutig, ungewollt oder bewusst, geschieht. Und ist ein Kind erst einmal verformt, entwickeln sich schnell Verhaltensauffälligkeiten und im schlimmsten Falle, bei anhaltender Verformung mit frühem Beginn, Störungen der Persönlichkeit. Denn das Kind bekommt so vermittelt, dass es so, wie es ist, nicht in Ordnung ist und beginnt irgendwann unterbewusst damit, sich oberflächlich anzupassen. Weil es doch den Eltern gefallen möchte. Dabei verleugnet es sich selbst und spielt irgendwann eine Rolle.

Verformt ist es dann, wenn es diese Rolle nicht mehr einfach ablegen kann. Vor allem hochsensible Kinder sind sehr empfänglich für eine solche Entwicklung, weil sie sich besonders leicht beeinflussen lassen.

Versuchen Sie also niemals, die Persönlichkeit Ihres verändern zu wollen. Damit richten Sie auf Dauer nur Schaden an. Seien Sie nur darum bemüht, das Beste aus dieser kleinen Persönlichkeit herauszuholen.

Häufig steckt bei solchen Mechanismen gar keine böse Absicht dahinter, sondern einfach nur der normale Wunsch, dass das eigene Kind so ist, wie man es sich vorstellt bzw. immer vorgestellt hat. Das ist der Tatsache geschuldet, dass auch Eltern nur Menschen sind und sich nicht immer zu 100 Prozent unter Kontrolle haben können. Wichtig ist, dass Sie sich immer wieder darauf besinnen, dass auch Ihr Kind gewisse Grenzen hat, die nicht überschritten werden dürfen. Ist Ihr Kind beispielsweise schon von klein auf chaotisch und unordentlich, dann ist es vielleicht irgendwann an der Zeit, diese Eigenschaft als Teil des Kindes zu akzeptieren und das Beste daraus zu machen, ihm höchstens dabei zu helfen, sich in dieser Eigenschaft oder eben mit ihr bestmöglich zurechtzufinden. Und wenn Sie merken, dass das Kind sich mit einer seiner Eigenschaften schadet, dann kritisieren Sie nicht dauernd an ihm herum. Viel besser ist es, dem Kind diese Sorgen mitzuteilen und gleichzeitig zu vermitteln, dass Sie es verstehen und nicht verändern wollen. Dass Sie ihm nur helfen möchten, mit dieser Eigenschaft besser umgehen zu können.

Das eigene Kind so anzunehmen, wie es nun mal ist, bedeutet nicht, ihm Narrenfreiheit zu geben und alles durchgehen zu lassen. Es bedeutet nur, es zu lieben und anzuerkennen, mit all seinen Gefühlen sowie Stärken und Schwächen. Es nicht als Teil oder Erweiterung Ihrer selbst zu empfinden, sondern es als eigenes Individuum anzuerkennen.

Das fällt Eltern besonders dann schwer, wenn es schwierig wird, wenn das Kind wütend oder traurig ist. Wenn sein Zimmer aussieht, als sei eine Bombe eingeschlagen. Wenn es Schwierigkeiten bei den Hausaufgaben hat, weil es sich nicht konzentrieren kann. Atmen Sie in solchen Moment tief durch und denken Sie an das, was Sie eben gelesen haben.

Schlusswort

Wie sich ein hochsensibles Kind letztendlich entwickelt und wie es später im Leben zurechtkommen wird, hängt ganz stark davon ab, ob es in der Lage ist, seine Hochsensibilität als positive Gabe zu sehen oder nicht. Oder ob es sie gar als Fluch begreift. Der Grundstein dafür wird bereits in der frühen Kindheit gelegt, denn es macht einen riesigen Unterschied, ob Eltern von der Hochsensibilität ihres Kindes wissen bzw. ob sie die speziellen Bedürfnisse ihres Kindes berücksichtigen oder nicht.

Ob ein Mensch unter seiner Hochsensibilität vor allem leidet oder ob er sie in erster Linie als Bereicherung empfindet, ist logische Folge davon, wie es diese in seiner Kindheit im Kontext von Lebenserfahrungen erlebt hat. Deshalb ist es so wichtig, dass Eltern von der Hochsensibilität ihrer Kinder wissen und sich dementsprechend über das Thema informieren. Nur so können sie ihr Kind bestmöglich auf ihrem Weg in eine positive Zukunft begleiten und unterstützen. Und genau das tun Sie gerade. Sie sind also auf dem besten Weg, in Ihrer Erziehung alles richtigzumachen.

Gehen Sie den Weg so weiter und Sie werden sehen, wie sehr es sich gelohnt hat. Nehmen Sie sich die Tipps und Informationen dieses Buches zu Herzen und freuen Sie sich auf die Zukunft mit Ihrem tollen und vor allem glücklichen Kind.

Literaturempfehlungen

Dr. Elaine N. Aron: Das hochsensible Kind: Wie Sie auf die besonderen Schwächen und Bedürfnisse Ihres Kindes eingehen.

Elisa Kordenbrink: Ich bin nicht anstrengend, ich bin HOCHSENSIBEL!: Der Erziehungsratgeber für gefühlsstarke Kinder und gestresste Eltern.

Nora Imlau: So viel Freude, so viel Wut: Gefühlsstarke Kinder verstehen und begleiten.

Nora Imlau: Du bist anders, du bist gut: Gefühlsstarke Kinder beim Großwerden begleiten. Ab 6 Jahren.

Remo H. Largo: Kinderjahre: Die Individualität des Kindes als erzieherische Herausforderung

Jesper Juul: Respekt, Vertrauen & Liebe: Was Kinder von uns brauchen

Jesper Juul: Nein aus Liebe: Klare Eltern - starke Kinder

Stefanie Stahl: Das Kind in dir muss Heimat finden: Der Schlüssel zur Lösung (fast) aller Probleme

Alina Wiedeneck: Stille Wunden - Das vergessene innere Kind - Wie Sie ein Entwicklungstrauma heilen können und Ihre Lebensfreude wiederfinden

Verwendete Quellen

https://www.fritzundfraenzi.ch/erziehung/elternbildung/gruppendruck-mein-kind-kann-nicht-nein-sagen?page=2

https://librileo.de/project/nein-sagen

https://medlexi.de/Reizüberflutung

https://www.jameda.de/gesundheit/kinder-baby/symptome-hochsensibler-kinder/

https://www.elternwissen.com/erziehung-entwicklung/erziehung-tipps/art/tipp/welcher-charaktertyp-ist-ihr-kind.html

https://bunte-kinder.de/8-typische-verhaltensweisen-hochsensibler-kinder-im-kindergarten/

https://wortwuchs.net/vier-ohren-modell/

https://www.betreut.de/magazin/kinder/kinder-erziehen-10-der-haeufigsten-fehler-die-eltern-machen/

https://www.familie.de/schulkind/bilderstrecke/erziehungsfehler/

https://gedankenwelt.de/4-lustige-atemuebungen-fuer-kinder/

*Autor wird vertreten durch:
Michael Kubacki/ Lichtenbergerstr.6/ 45699 Herten*

Printed in Poland
by Amazon Fulfillment
Poland Sp. z o.o., Wrocław

71113243R00113